JN308821

分厚くなった教科書を活用した40の指導法

今度こそ「教科書"で"教えよう」

加藤幸次 著

黎明書房

はじめに

　平成23年度から使用される小学校の教科書が「分厚く」なりました。特に授業時数の増加した国語，算数，理科，社会の新しい教科書は分厚くなりました。平成22年3月31日に，新聞が一斉に新しい教科書について報道し，程度の差こそあれ，いずれの新聞も「詰め込み教育」を誘発するのではないかという懸念を表明しています。読まれた先生もおられるのではないでしょうか。

　翌日には，多くの地方新聞に『詰め込み教育誘発の懸念』と題した論説が載り，教科書の内容について「例えば，理科では，実験の順番も，やり方も，結果も，どうしてそうなったかも書き込んである。『まるで参考書』という人もいるほどだ。経験の少ない若い先生でもこなせるようマニュアル化した」と，また「こなしきれなければ詰め込みに走るのは避けられない。実験しなくとも読めば分かる教科書なのだから，なおさらだ」と指摘されています。

　続いて，雑誌毎日フォーラム『日本の選択』の平成22年5月号には，「『脱ゆとり』を強化した11年度からの教科書―小学校25％ページ数増に"消化不良"の懸念も」という記事が掲載されました。

　この記事によれば，「全教科の平均ページ数は計6079ページ。現行と比べると1198ページ（24.5％）の増で，理科は36.7％，算数は33.2％の大幅増となった。国語は25.2％増，社会は16.8％増だった」と，また「これに対し，指導要領改訂に伴う授業時間の増加は1割台。理科では15.7％増，算数では16.7％にとどまっている。増えた中身を授業だけで

消化していくことは容易ではない」と指摘しています。

　私個人は，5月11日にＮＨＫラジオ放送『私も一言，夕方ニュースここ一番』で，インタビューを受けました。2人のアナウンサーから「どうして厚くなったのか，詰め込み教育にならないのか，どう教師は活用して教えるべきか」など次々と質問され，改めて，教科書が分厚くなることが，教育界というよりは，一般社会でも大きな問題になっていることを知ったしだいです。

　私の中に，この問題に対する課題意識が増してきて，5月30日に，上智大学での大学祭行事の1つ『Teachers Sophian 2010』で，この問題を取り上げていただきました。私は次のように主張しました。

　「もし教師が，従来どおり，教科書を始めから終わりまで指導するとするならば，明らかに，『詰め込み教育』を誘発するものになるに違いない。また，もし教科書会社の作成した教師用指導書に示された，本来1つの目安に過ぎない，各単元に割り付けられた『授業時数』に従って指導するとするならば，明らかに，子どもたちにとって授業は難しいものになり，今まで以上に，落ちこぼれていく子どもや不登校児を作り出すに違いない」と。

　言い換えると，よく言われるように，教師たちが，「教科書"を"教えるのではなく，教科書"で"教えない限り」今後の授業は詰め込み式にならざるをえない，というものでした。

　ところで，私は，3月31日の毎日新聞が報じた，次のような文部科学省の森晃憲教科書課長のコメントが，ずっと，気になっていました。「文部科学省は今回，『必ずしも教科書すべてを取り上げなくてもよい』という姿勢を明確にした」と。このコメントは，一体，何か。本当にそうなら，今こそ「教科書"で"教える」授業を作るチャンスではないか，と考えています。教師や学校に「教科書"で"教える」力量があれば，『詰め込み教育』にはならないはずだ，と信じたいのです。

　最大の問題は今までのあり方です。教師や学校が教科書と教科書会社

が発行する教師用指導書に完璧なまでに依存してしまっていることです。

たしかに，教師用指導書は教科の専門家に加えて，優れた実践家によって作成され，指導内容の系統性が吟味され，それに基づいて年間指導計画や単元指導計画が作られ，さらに，毎時間の授業計画（指導案）までも示されています。今では，単元と言えば，教師用指導書の「年間指導計画」が示す「単元（教材，題材）」であり，単元に配当された授業時数は「標準時数」と受け止められているほどです。教師の仕事は教師用指導書に示された授業計画に従って毎時間の授業をこなしていくことであり，そのほうが安心・安全と受け止められてしまっているのです。

改めて，教科書と教師用指導書に依存した現状のあり方を改革しない限り，すなわち，「教科書"を"教えるのではなく，教科書"で"教える」方策を考えない限り，詰め込み教育は避けられない，と危機感を募らせています。

繰り返しますが，教科書は，文部科学省の「認可」を受けただけあって，きわめて完成度の高いものです。したがって，教師用指導書に示された年間指導計画に従って教科書をこなしていけば，学習指導要領がめざしている目標が達成できるといったものです。それこそ「お墨付き」をいただいていて誰からも批難されないし，教師にとって，安心・安全です。

しかし，考えてみてください。こうして作成された教科書は，たしかに，「一般性」は兼ね備えているでしょうが，「私の学校，私の教えている子どもたち」への配慮に欠けるものです。

改めて，学習指導要領の基準性について考えてみると，そこには2面性があることに気づきます。1つの面は「義務教育諸学校教科用図書検定基準」であり，教科書会社が教科書を作成するための基準でありますが，しかし，他の1面は，各学校が地域，学校及び子どもたちの実態を考慮して，特色ある教育活動，そのための年間指導計画及び単元指導計画を作りだすときの基準なのです。その証拠に，学習指導要領は繰り返

し，繰り返し，「各学校は……」と言っています。

　とはいえ，学校教育法の第21条の規定によって，私たちは教科書を使用しなければなりません。ということは，私たちには，教科書を使用しつつ，地域，学校及び子どもたちの実態を考慮して，特色ある教育活動を行う義務があるということです。にもかかわらず，私たちは，いつの間にか，与えられた教科書を始めから終わりまで，教師用指導書に示されている単元配当表にしたがって，教えることが自分たちの責務だと考えるようになってしまいました。そこからは，「教科書"で"教える」という主体的，積極的なあり方は生まれてくるはずもありません。

　別な言い方をすれば，教科書が分厚くなったこの機会こそ，私たちは教科書とのかかわり方を見直し，自らの主体性，自主性を自覚すべきです。そのことによって，「詰め込み教育」ではなく，「子ども一人ひとりが生かされ，育つ教育」，すなわち，個性化教育を推進したい，と夢見ています。本書はこのことをめざしています。

　翻訳本でしたが，1972年，私の最初の本を出版していただいたのは黎明書房でした。以来40年間，武馬久仁裕社長にはご無理を申し上げ，多くの本を出版させていただきました。引退すべき年齢だと自覚しながら，またも，無理を聞いていただきました。私としては，どうしても，書いておきたい内容の本なのです。感謝しています。

　　2011年（平成23年）1月
　　　　　　上智大学名誉教授・日本個性化教育学会会長
　　　　　　　　　　　　　　　　　　　加　藤　幸　次

目　次

はじめに　1

第1部
分厚くなった教科書活用の考え方，進め方

Ⅰ　今度こそ「教科書"を"教えるのではなく，教科書"で"教える」ために　13

1　「詰め込み教育」への回帰にならないか　14
2　約20パーセント指導のペースを加速しなければ，教科書は終わりません　16
3　教科書会社の「教師用指導書」に依存してしまっていないか　18
4　学校と教師には「特色ある教育活動」を展開する責任がある　20
5　単元の軽重・順序づけ，教科間の関連・合科的指導を図る　22

Ⅱ　分厚くなった教科書を「活用」するために考慮すべきこと　25

6　地域，学校及び児童の実態，児童の心身の発達の段階や特性を把握する　26
7　教科や学習活動の特質を考慮する　28

8　弾力的な単位授業時間や時間割を作る　30
9　改めて，学習指導要領，教科書，学校・教師の関係を整理する　32
10　教科書の「単元」を「カスタマイズ（自分たち仕立てに）」する　34
11　子ども一人ひとりに応じた指導をめざす　36

　　　Ⅲ　1人で，学年で，最終的には学校として，
　　　　　「学校の教育課程」を創る　39

12　1人で，第2部の事例を参考にして，教科書に挑戦する　40
13　学年でティームを組んで，教科書を活用した指導を創る　42
14　学校として，第2部の事例を総合して，特色ある教育課程を創る　44

第2部
分厚くなった教科書を活用した授業づくり

　　　Ⅳ　単元に「軽重」をつけて，「重点化」を図る　49

1　導入時の2校時を60分と長く取って「意欲づけ活動」を重点的に行う――事例：国語・4年『ごんぎつね』　52
2　導入時の2校時を連続して120分として「意欲づけ活動」を重点的に行う――事例：算数・3年『円と球』　54
3　導入時の2校時を連続して「問題づくり活動」を重点的に行う――事例：社会・3・4年『ごみのゆくえ』　56
4　導入時の2校時を連続して「問題づくり活動」を重点的に行う――事例：国語・4年『ウナギのなぞを追って』　58
5　2時間多く時間を取って「算数的活動」に重点を置く――事例：算数・3年『重さ』　60
6　2時間増やし，4時間連続の授業を組んで「観察実験活動」に

重点を置く——事例：理科・6年『土地のつくりと変化』 62

7　1時間増やし，3時間連続の授業を組んで「話し合い活動」を重点的に行う——事例：社会・6年『新しい国づくりは，どう進められたの—日清・日露の戦争』 64

8　2時間多く時間を取って，2時間連続の授業を組んで「話し合い活動」を重点的に行う——事例：国語・5年『のどがかわいた』 66

9　1時間を加え，最後に2時間連続の授業を組んで「エッセイ・スピーチ活動」に重点を置く——事例：国語・2年『楽しかったよ，2年生』 68

10　3時間加えて「習熟度」から見て指導を充実する——事例1：算数・4年『小数』，事例2：『分数』 70

11　2時間増やして「基礎的・基本的技能」を重視して指導を充実する——事例：理科・5年『電磁石の性質』 72

12　3時間増やして「基礎的・基本的技能」を重視して指導を充実する——事例：国語・4年『読書生活について考えよう』 74

13　2時間増やして「範例」としての学習経験を充実する——事例：社会・5年『わたしたちのくらしをささえる食糧生産』 76

14　3時間増やして「範例」としての学習経験を充実する——事例：社会・6年『武士による政治は，どのように進められたの』 78

Ⅴ　単元の「順序」を入れ替え，「セット化」する（学年レベル）　81

15　最後に2，3時間連続の授業を組んで，小々単元「観察活動」をまとめて「文脈」の中で行う——事例：理科・4年『季節と生き物：春，夏，夏の終わり，秋，冬，春のおとずれ』 84

16　1時間加えて，小々単元「言葉・漢字学習」をまとめて「文脈」の中で行う——事例1：国語・6年　4つの『季節の言葉』，事例2：国語・6年『漢字の形と音・意味』『熟語の成り立ち』と『漢

字を正しく使えるように』86

17　レベルは異なるが，同じ質の指導内容の単元について，順序を入れ替えて,「連続して」指導する——事例：算数・4年『小数』と『小数のかけ算とわり算』88

18　題材は異なるが，同じ質の指導内容の単元について，順序を入れ替えて,「連続して」指導する——事例：国語・4年『一つの花』と『ごんぎつね』90

19　題材は異なるが，同じ質の指導内容の単元について，順序を入れ替えて,「連続して」指導する——事例：算数・5年『体積』と『角柱と円柱』92

20　小単元「現代詩，俳句・短歌，漢詩」を連続させ，「対比して」学習する——事例：国語・6年『せんねん　まんねん』と『生きる・言葉の橋』『たのしみは―短歌を作ろう』と『「とんぼ」の俳句を比べる』『季節の言葉―春と秋』94

21　「物語，説明文」の単元を連続させ，「対比して」学習する——事例：国語・2年『スイミー』と『どうぶつ園のじゅうい』96

22　「童話，民話」の単元を連続させ，「対比して」学習する——事例：国語・3年『きつつきの商売』と『三年とうげ』98

23　「植物の発芽，成長，結実と動物の誕生」の単元を連続させ，「総合して」学習する——事例：理科・5年『植物の発芽』『メダカのたんじょう』と『人のたんじょう』100

24　「農業，水産業，工業」の単元を連続させ，「総合して」学習する——事例：社会・5年『農業』『水産業』と『工業』102

Ⅵ　単元の「順序」を入れ替え，「セット化」する（2学年幅）105

25　1時間加えて「言語文化学習」を2学年「まとめて」行う——事例1：『3, 4年の俳句・短歌学習』，事例2：『5, 6年

の俳句・短歌学習・古典』 108

26 2年間に学ぶ漢字を「まとめて」分析的，構造的に指導する
　――事例1：『3，4年の漢字学習』，事例2：『5，6年の漢字学習』 110

27 2年幅で物語文を読み，「私と家族」のかかわりを読み解く
　――事例：国語・5，6年『わらぐつの中の神様』と『カレーライス』 112

Ⅶ　教科間の指導内容を関連・合科させて，「ユニット化」する　115

28 「理科と算数」関連的指導を創る（5年）――理科単元『もののとけ方』と算数単元『割合とグラフ』を同じ時期に設定し，理解の幅を広げる 118

29 「国語と社会」関連的指導を創る（6年）――国語単元『平和について考える』と社会単元『平和を守るために，どんな努力をしているの』を同じ時期に設定し，理解の幅を広げる 120

30 「国語と理科」関連的指導を創る（3年）――国語単元『すがたをかえる大豆』と理科単元『植物をそだてよう(4)：花がおわったあと』を同じ時期に設定し，理解の幅を広げる 122

31 「国語と理科と算数」関連的指導を創る（5年）――国語単元『生き物は円柱形』と理科単元『人のたんじょう』と算数単元『柱の形を調べよう』を同じ時期に設定し，より総合的に理解する 124

32 「総合的な学習と社会と理科」関連的指導を創る（4年）――総合単元『わたしたちの東川』を中心に，社会と理科を関連させて指導し，課題意識を喚起し，その流れに沿った学習活動を創る 126

33 「算数と社会」合科的学習を創る（3年）――算数単元『棒グラフ』と社会単元『わたしたちのくらしと商店』を合わせて一緒

に学び，より深く理解する　128

34　「理科・算数」合科的学習を創る（4年）――理科単元『天気と気温』と算数単元『折れ線グラフ』を合わせて一緒に学び，より深く理解する　130

35　「国語と理科」合科的学習を創る（5年）――国語単元『天気を予想する』と理科単元『天気の変化』を合わせて一緒に学び，より統合的に理解する　132

36　「生活科と教科と学級活動」合科的学習を創る（1年）――生活，国語，図工を統合して，生活テーマ単元『たんぼへ　いこう』を創り，より幅広い学習活動をする　134

37　「生活科と教科」合科的学習を創る（2年）――生活単元『きたかぜ　つめたいね』を中心に，複数の教科の一部分を取り込み，生活テーマ単元『みつけたよ　うたせのまち』を創り，より幅広い学習活動をする　136

38　「学年行事と教科と学級活動」合科的学習を創る（4年）――学年行事『鋸南自然教室に行こう』，国語，学級活動を統合して，総合テーマ単元『レッツ・ゴー！鋸南』を創り，より豊かな学習活動を行う　138

39　「生活と国語と図工と道徳」合科的学習を創る（2年）――生活単元『鹿島の昔をさぐろう』を中心に，国語，図工，道徳を統合して，生活テーマ単元『明りん　むかし　むかし』を創り，より幅広い学習活動をする　140

40　「教科と道徳と学級活動と学校裁量」合科的学習を創る（6年）――国語，道徳，学級活動，学校裁量を統合して，総合テーマ単元『卒業研究』を創り，より豊かな一人学習を行う　142

第1部

分厚くなった教科書活用の考え方，進め方

I
今度こそ「教科書"を"教えるのではなく，教科書"で"教える」ために

　ウイスコンシン大学に留学したときの指導教授の1人，B．タバチニック先生からサゼッションをいただきました。
　「教科書にはまさに真実が書いてある。それらを覚え，身につけよ，と言われてきているが，教科書に挑戦するということは，教科書に書かれている題材を活用して，子どもたちに考えさせることである」と。
　いつの間にか，単元と言えば，教科書の教師用指導書の示す"単元（教材）"を意味するようになってしまい，私たちは「教科書"を"教える」ことが教育である，と考えるようになってしまいました。私たちの主体性，自主性の喪失です。強い言い方をすれば，怠惰であり，堕落です。
　学習指導要領で強調されている「生きる力」は，教科書に書かれていることをそのまま教えるのではなく，それらを活用して子どもたちに考えさせることによってこそ育成されると考えるべきです。
　そのために，**私たちは教科書の示す単元を主体的に再構成しなければなりません。**
　すなわち，学習指導要領の示す各教科等の目標を達成するために，地域や学校，何より，子どもたちの実態に応じて，かつ，教科や学習活動の特性を考慮して，使用する教科書の「単元」を「カスタマイズ（自分たちに合うように仕立てる）」すべきです。
　実は，学習指導要領は指導内容，指導事項に「軽重」をつけたり，「順序」を入れ替えたり，教科間で「関連的・合科的な関連」を図ることをうながしているのです。

1 「詰め込み教育」への回帰にならないか

　今回の学習指導要領の改訂は，平成10から12年（1998年から2000年）に引き起こされた「学力低下論」に端を発すると言っても，過言ではないでしょう。

　TIMSSやPISAといった国際学力調査の結果とあいまって，学力低下論，続いて体力低下論がマスコミを大いに騒がせ，やがて，平成15年度には，文部科学省は「確かな学力」の定着をめざして『学力向上アクションプラン』を実施し，学力低下は既成事実として定着してしまいました。

　こうした動きを受けて，今回の改訂では，特に，国語，算数，理科の学力向上をめざしていて，授業時数の増加とともに，教科書が分厚いものになってしまったと言っていいでしょう。

　表1は，改めて，教科書のページ数の増加と授業時数の増加を，実数と比率から比較したものです。

　授業時数は平成10年度と20年度の学習指導要領を比較し，教科書のページ数については，平成16年度と22年度の検定に合格した教科書の内，平成16年版教科書の採択率のもっとも高い教科書（国語：光村図書，算数：東京書籍，理科：大日本図書，社会科：東京書籍）を比較したものです。

　国語では，1年から6年までを平均して，増えたページ数は54.7ページ（25.2％）であるのに対して，増えた授業時数は14.0時間（6.1％）。算数では，増えたページ数は53.8ページ（32.4％）であるのに対して，増えた授業時数は23.7時間（16.5％）。理科では，増えたページ数は51.5ページ（40.3％）であるのに対して，増えた授業時数は13.8時間（16.6％）。社会では，増えたページ数は59.9ページ（38.6％）であるのに対して，増えた授業時数は5.0時間（5.1％）です。

Ⅰ　今度こそ「教科書"を"教えるのではなく，教科書"で"教える」ために

なお，採択率が第2位の教科書会社の教科書についても，ほぼ同じ結果が得られています。

表1　増加したページ数と授業時数の学年平均実数と比率

国語（光村図書）	54.7ページ（25.2％） 14.0時間（6.1％）
算数（東京書籍）	53.8ページ（32.4％） 23.7時間（16.5％）
理科（大日本図書）	51.5ページ（40.3％） 13.8時間（16.6％）
社会（東京書籍）	59.9ページ（38.6％） 5.0時間（5.1％）

表1から言えることは，増えた授業時数に比べて増えたページ数の方が，実数も比率もともに，かなり高いということです。言い換えると，従来どおり，**教科書に従って指導するなら，「詰め込み教育」に回帰していく恐れが十分ある**ということです。

なお，さらに国語では，2から4学年に22から28ページの「ふろく・付録」，5，6学年には47ページの「学習を広げる」があり，そこには，漢字表だけでなく，35冊の推薦図書があり，物語や詩があります。しかも，いくつかの単元には単元末に数冊の推薦図書があります。いつの間にか，精読主義から多読主義に切り替えられてしまっています。（三省堂は『学習を広げる』と題して128ページの別冊にしています）

これらには配当時数がありませんので，家庭学習ということになるのでしょう。算数にはどの単元にも「なるほど算数」，理科には「ジャンプ」，社会には，「ひろげよう　ふかめよう」と言われる発展的な学習活動のページがあります。教科書のページ数の増加だけでなく，指導内容がかなり増加していることは確かでしょう。

参考文献：加藤幸次・高浦勝義編著『学力低下論批判』黎明書房，2004。

2 約20パーセント指導のペースを加速しなければ、教科書は終わりません

　新学習指導要領への移行期の平成20,21年度に、算数、理科と体育の授業時数が増えました。他方、増えた授業時数に見合う指導内容も、移行期の教科書教材として発行されました。

　また、周知のように、平成22年度の本格的な実施では、国語と社会科の授業時数と指導内容の増加、外国語活動の導入が図られました。

　しかし、国語、算数、理科、社会科で、どれだけ増えたのか、また、そのことがもたらすインパクトについて、今一つはっきりしません。そこで、どの授業も同じペースで指導するものと仮定して、もう1つの表を作成してみました。表2は、単純に、平成16年度と22年度認可の教科書の各学年ごとの総ページ数を平成16年度と22年度の各学年ごとの総授業時数で割り、1授業時間に何ページ指導しないと教科書が終わらないかを示したものです。（ここでも、検討した教科書は前項と同じです）

　国語は、1年から6年までを平均して、0.97ページだったものが1.20ページ（23.7％増）。算数は1.18ページだったものが1.33ページ（12.7％増）。理科は1.50ページだったものが1.81ページ（20.7％増）。社会は1.69ページだったものが2.22ページ（31.4％増）になっていることです（理科と社会は平成16年度はＢ5判、22年度はＡＢ判、1.09を掛けて修正）。

　表2の結果から言えることは、教科により、学年によりばらつきはありますが、平均して、1つの授業で終わらせなければならないページ数は、平成16年度に比べて22.1％増加したということです。

　繰り返し言いますが、従来から、教師は決められた授業時数の中で教科書を最初から終わりまで教えようとしてきています。表1とともに考えてみると、明らかに、指導のペースを上げないと教科書は終わらないことになります。言い換えると、学校や教師が**分厚くなった新しい教科**

Ⅰ　今度こそ「教科書"を"教えるのではなく，教科書"で"教える」ために

表2　1授業（45分）で指導すべき平均ページ数と増加率

	平成22年	平成16年	増加ページ（増加率）
国語（光村図書）	1.20	0.97	0.23（23.7%）
算数（東京書籍）	1.33	1.18	0.15（12.7%）
理科（大日本図書）	1.81	1.50	0.31（20.7%）
社会（東京書籍）	2.22	1.69	0.53（31.4%）

（注）東京書籍の「社会」及び大日本図書の「理科」は，平成22年検定本はＡＢ判。

書に主体的に立ち向かわないと，特に学習に遅れがちな子どもにとって，難しい状況になるでしょう。

　今は，普通学級に特別支援を必要とする子どもたちも入ってきています。こうした子どもたちにとっては，授業は一層厳しいものになることが心配されます。かつて，現代科学の最先端の成果を指導内容に持ち込もうとした「教育内容の現代化」の主張を受けて，昭和43年（1968年）に学習指導要領が改訂されました。その結果，「7・5・3」と揶揄されるような状況が生み出されたのです。すなわち，当時，国立教育研究所が行った学校長への質問紙調査によれば，授業についてこれていると思われる子どもは，小学校では約7割，中学校では約5割，高等学校では約3割である，というものでした。逆に言うと，小学校では約3割，中学校では約5割，高等学校では約7割の子どもたちが授業についてこれない「落ちこぼれ」ということです。やがて，「保健室登校」児や不登校児が増加しました。校内でのいじめや暴力も増加しました。

　文部科学省は，2009年度の小学校児童の「暴力行為」は前年度に比べ，9.7%の増加と発表しました（2010年9月15日）。もちろん，「暴力行為」と授業のあり方とを直接結びつけることはできませんが，分厚くなった教科書を用いての授業づくりを工夫しなければならないことは言うまでもないことです。

3 教科書会社の「教師用指導書」に依存してしまっていないか

　実は,「教科書"で"教える」ということは,とりもなおさず,教師や学校が自らの年間指導計画や単元指導計画を立案することです。しかし,現実は,教師や学校は大きく教科書会社の作成した『教師用指導書』に依存している,と言っていいでしょう。特に,授業研究がなされるとき,教師がまず参考にするのは教師用指導書です。

　たしかに,教科書会社は教科の専門家に加えて,優れた現場の実践家を集めて学習指導要領を研究し,そこに,教科書会社の特色を加えて,教師用指導書を作成しています。年間指導計画や単元指導計画ももちろんのこと,単元を構成する毎時間の詳細な授業計画（指導案）まで作成しているのです。この授業計画に従って指導しておれば,学習指導要領がめざしている目標を達成することが保障され,誰からも批難されることなく,「安全・安心」なのです。現実的には,マニュアル化された教師用指導書に依存してしまっている,と言っても過言ではないでしょう。

　ここでは,事例として,日本文教出版平成23年版『小学校算数』の「単元配当表」を取り上げてみます。3年に焦点を当ててみると,年間授業時数175時間の内,15時間を予備時間として除き,160時間に17単元を用意しています。（詳しい「単元配当表」は第2部第Ⅴ章の最初に掲載してあります。）

　新学習指導要領の方針に従って,平成10年の学習指導要領改訂で削除された指導内容が復活し,それに伴って,下学年に移行してきています。具体的には,復活した指導内容は主に高学年に配当され,移行された指導内容は第2,3,4,5学年に配置されています。

　3年の17単元を見ると,「円と球」「小数」「三角形と角」「分数」の4つの単元が平成10年度の4年の単元から降りてきた単元（総計45時数）

Ⅰ　今度こそ「教科書"を"教えるのではなく，教科書"で"教える」ために

です。他方，平成10年度の3年の単元で2年に降りた単元は「水のかさ」「長方形・正方形」「はこの形」（総計24時数）です。言い換えると，新学習指導要領の示す指導内容はより難しいものになっているのです。

　他方，各単元に配当された「授業時数」を見てみると，17の単元の内，平成16年度の教師用指導書と同じ授業時数の単元は4で，増加した単元は3（計5時間）で，減少した単元は6（計8時間）で，数量関係の領域の新しい単元が1つ加えられたという状況です。

　3年の総授業時数は150から175と25時数分増加しているのですが，4年から降りてきた4つの単元と2年に降りた3つの単元の差で，この25時間が埋められています。また，配当された「授業時数」が減少した単元が6であることは，ここでも，指導のペースをやや速めねば，教科書が終わらない状況が生まれてきていると言えそうです。

　重要なことは，教師用指導書で示されている各単元の授業時数が，「標準的な」授業時数と考えられている点です。もちろん，「年間指導計画」には単元の「指導順序」も一緒に示されています。教師用指導書は一応の「目安」と言っているのですが，それはあたかも「標準」時数と「標準」配当のようにとられてしまっているのです。当然のことですが，**各学校や教師は自分たちの学校や学級に合わせて，「カスタマイズ（自分たち仕立てに）」すべきものです。**

　言うまでもなく，私たちは学習指導要領の示す各教科の年間授業時数を確保しなければなりません。どの単元にどれだけの時間をかけるのか，また，どの順序で指導するのか，私たちが「地域や学校及び児童の実態，各教科等や学習活動の特質等に応じて」決めるべきことなのです。具体的には，教師用指導書が示す配当時数や順序を参考にしつつ，自分たちの学校や学級に合わせた，自らの「年間指導計画」を作成すべきです。

　教科書が分厚くなった今，考え直す絶好のチャンスではないでしょうか。

4 学校と教師には「特色ある教育活動」を展開する責任がある

　学習指導要領は総則第1「教育課程編成の一般方針」において，次のように言っています。「学校の教育活動を進めるに当たっては，各学校において，児童に生きる力をはぐくむことを目指し，創意工夫を生かした特色ある教育活動を展開する中で，基礎的・基本的な知識及び技能を確実に習得させ，これらを活用して課題を解決するために必要な思考力，判断力，表現力その他の能力をはぐくむとともに，主体的に学習に取り組む態度を養い，個性を生かす教育の充実に努めなければならない。」

　さらに，第4「指導計画の作成等に当たって配慮すべき事項」の1において，次のように言っています。「(1)各教科等及び各学年相互間の関連を図り，系統的，発展的な指導ができるようにすること。(2)学年の目標及び内容を2学年まとめて示した教科及び外国語活動については，当該学年間を見通して，地域や学校及び児童の実態に応じ，児童の発達の段階を考慮しつつ，効果的，段階的に指導するようにすること。(3)各教科の指導内容については，そのまとめ方や重点の置き方に適切な工夫を加え，効果的な指導ができるようにすること。(4)児童の実態等を考慮し，指導の効果を高めるため，合科的・関連的な指導を進めること。」

　この記述を受けて，小学校学習指導要領解説『総則編』は，上記(1)については，「個々の指導計画は，各教科，道徳，外国語活動，総合的な学習の時間及び特別活動それぞれの固有の目標やねらいの実現を目指すと同時に，他の教育活動との関連や学年間の関連を十分図るように作成される必要がある。そのためには，各教科，道徳，外国語活動及び特別活動それぞれの目標，指導内容の関連を検討し，指導内容の不必要な重複を避けたり，重要な指導内容が欠落したりしないように配慮するとともに，指導の時期，時間配分，指導方法などに関しても相互の関連を考慮

Ⅰ　今度こそ「教科書"を"教えるのではなく，教科書"で"教える」ために

したり上で計画が立てられることが大切である」と説明しています（小学校学習指導要領解説『総則編』，47ページ）。

　繰り返しますが，学習指導要領とその解説書は，第一義的に，教師で構成される各学校に対して，書かれているものです。もちろん，「はじめに」で述べたように，教科書会社で教科書を作成する人々に対しても，検定基準として，書かれていることは言うまでもないのです。前節で述べたように，教科書会社は教科の専門家に加え，優れた実践家を集め，学習指導要領の詳細な検討を行い，各教科の教科書を作成しています。しかし，作成された**教科書は，全国のどの学校でも使用することができる「一般性」を具備したものにすぎない**のです。

　言い換えると，教科書は前半に言われている「個々の指導計画は，各教科，道徳，外国語活動，総合的な学習の時間及び特別活動それぞれの固有の目標やねらいの実現を目指す」に応えているものであって，後半に言われている事柄，すなわち，「指導の時期，時間配分，指導方法などに関しても相互の関連を考慮」に対して，教科書は一般的にしか応えていないものにすぎないのです。いや，そのようにしかできないのが教科書というものなのです。

　この点にこそ，教師や学校が主体性を発揮し，「特色ある教育活動」，それを支える年間・単元指導計画を作成しなければならない理由があるのです。この点に関する認識が，私たちに，極めて希薄ではないでしょうか。そのことが「一般性」を具備しているにすぎない教科書に依存して指導がなされている最大の原因でしょう。「教科書"で"教える」ためには，教師や学校が主体性を発揮し，「特色ある教育活動」を創造するという覚悟と構えが不可欠です。

　次の章で詳しく述べるつもりですが，それぞれの学校はそれぞれ異なった教育環境の中にあり，児童もまた異なった状況の中にあります。このことを心に銘記し，自分たちの子ども，自分たちの学校，そして，自分たちの地域の実態をしっかり把握すべきです。

5 単元の軽重・順序づけ，教科間の関連・合科的指導を図る

　前節を続けます。すなわち，「(3)各教科の指導内容については，そのまとめ方や重点の置き方に適切な工夫を加え，効果的な指導ができるようにすること。(4)児童の実態等を考慮し，指導の効果を高めるため，合科的・関連的な指導を進めること」について考えます。

　結論から言いますと，私たちが私たちの主体性を発揮して「教科書"で"教えよう」と意図するとき，すなわち，「分厚くなった教科書を活用して効果的な指導を作り出そうとする」とき，この(3)と(4)が鍵概念（キー・コンセプト）を提供してくれます。解説書は(3)について次のように言います。まず，「各学校において指導計画を作成するに当たっては，各教科の目標と各指導事項との関連を十分研究し，まとめ方などを工夫したり，内容の重要度や児童の学習の実態に応じてその取扱いに軽重を加えたりして，効果的な指導を行うことができるよう配慮しなければならない」（小学校学習指導要領解説『総則編』，49ページ）。

　ここで強調されていることは，『内容の重要度や児童の学習の実態』に応じて指導事項を取り扱おうとするとき，そこに『軽重』を加えねばならないということです。言い換えると，教科書会社が作成した教師用指導書に追従するのではなく，私たちは指導内容の重要度を考慮し，自分の学級の子どもの学習の実態に応じて，指導内容に軽重をつけるべきである，ということです。具体的には，軽重は「指導時間（時間配分も含んで）」として取り扱われる事柄で，私たちは教師用指導書に示されている単元配当時間を吟味し，この単元は時間を短縮し，この単元は時間を延長して指導すると，自ら判断しなければならないということです。

　次に，解説書に基づきやや敷衍して述べるならば，「各教科等の学年別の内容に掲げる事項は，それぞれの教科等の内容を体系的に示す観点

Ⅰ　今度こそ「教科書"を"教えるのではなく，教科書"で"教える」ために

から整理して示しているものであり，その順序は，特に示す場合を除き，指導の順序を示すものではない。したがって，各学校においては，各指導事項の関連を十分検討し，地域や学校の実態及び児童の発達の段階や特性を考慮するとともに，教科書との関連にも考慮して，指導の順序やまとめ方に工夫を加え，指導の効果がでるよう指導内容を組織し指導計画を作成することが必要である」と言います（同書，49ページ）。ここでも，私たちは，教科書会社が作成した教師用指導書に追従するのではなく，**「地域や学校の実態及び児童の発達の段階や特性を考慮」して，指導内容の『指導の順序』を決めねばならない**ということです。ここでもより具体的には，教科書や教師用指導書が示す単元の「指導の順序」について，私たちは，順序を入れ替え，この単元とこの単元はセット化して指導するなどと，自ら判断しなければならないのです。

　さらに，解説書は(4)について次のように言います。「児童に確かな学力を育成するため，知識と生活との結び付きや教科等を超えた知の総合化の視点を重視した教育を展開することを考慮したとき，教科の目標や内容の一部についてこれらを合わせて指導を行ったり，関連させて指導を進めたりした方が効果が上がる場合も考えられることから，合科的な指導を行うことができることとしたり，関連的な指導を進めたりすることとしたものである。」合科的な指導は「単元又は1コマの時間の中で，複数の教科の目標や内容を組み合わせて，学習活動を展開するものである」。関連的な指導は，「教科等別に指導するに当たって，各教科等の指導内容の関連を検討し，指導の時期や指導の方法などについて相互の関連を考慮して指導するものである」（同書，50ページ）。

　すなわち，**私たちは教科間の指導内容，指導事項に関しても，「合科的・関連的な指導」を行うことができる**ということです。しかし，教科ごとに作成されている教科書だからでしょうか，どの教科書も，教科間のことに関しては，まったくと言っていいほど，なにもふれていません。まさに，私たちのやるべき事柄です。

II 分厚くなった教科書を「活用」するために考慮すべきこと

　「はじめに」でも書きましたが，平成22年5月30日，上智大学での大学祭行事の1つ『Teachers Sophian 2010』で，私は奈須正裕先生と澤田稔先生と一緒に『新学習指導要領とこれからの教師に求められるもの』と題して，話し合いを持ちました。

　5月11日のNHKのラジオ放送でのインタビューのこともあって，私の関心はもっぱら，分厚くなる教科書の導入によって，詰め込み教育が再来するのではないか，という心配にあったのです。

　打ち合わせのとき，「大きな示唆」を得たのです。確か，奈須先生が「教科書が分厚くなれば，授業で取り扱うことのできる素材が多くなり，それだけ豊かな指導ができる」といった趣旨のことを言われ，このことが頭からはなれません。

　確かに，料理をしようとするとき，材料の種類が少なければ，ある限られたものしか作れませんが，多ければ，いろんな料理ができるに違いありません。以来，このことが心に引っかかっているのです。**そもそも，欧米の教科書はとても分厚いものです。**

　問題は，私たち教師や学校に分厚くなった教科書に盛り込まれた指導内容をうまく調理する力量があるかどうか，です。残念ながら，教科書会社の作成した教師用指導書に依存し，自分たちの学校や学級に適した指導実践を生み出してこなかったのではないか，と反省させられます。

　したがって，ここで，うまく調理するための原則について，新学習指導要領に沿って考えてみたいのです。

6 地域，学校及び児童の実態，児童の心身の発達の段階や特性を把握する

　繰り返し強調しますと，学習指導要領は各学校が「学校の特色を生かした教育課程を編成すること」（総則，17ページ）を要求しているのです。なぜなら，国の定めた学習指導要領は一般性を帯びた「基準」であるからです。また，言うまでもなく，各学校はそれぞれ固有な条件の下にあるからです。「教育課程は，地域や学校の実態及び児童の心身の発達の段階や特性を考慮し，教師の創意工夫を加えて学校が編成するものである」（小学校学習指導要領解説『総則編』，16ページ）と言われます。分厚くなった教科書を活用した指導や学校の教育課程の編成においても，このことは重要なことです。

　まず，地域の実態についてですが，教育課程の編成という観点からすると，「地域には，都市，農村，山村，漁村など生活条件や環境の違いがあり，産業，経済，文化等にそれぞれ特色をもっている。このような学校を取り巻く地域社会の実情を十分考慮して教育課程を編成することが大切である」（同書，16ページ）と言われます。さらに，学社提携が進行してきている現在，地域社会に住む専門家やボランティアの方々からの協力についても，地域の実情を考慮することが必要になってきています。

　次に，重要なことはそれぞれの学校の実態です。「学校規模，教職員の状況，施設設備の状況，児童の実態などの人的，物的条件の実態は学校によって異なっている。教育課程の編成に際しては，このような学校のもつ条件を十分考慮することが大切である」（同書，18ページ）と言われます。確かに，教職員の構成は学校により大いに違います。また，教職員の間に，関心・意欲，知識・能力について大きな違いがあることは確かです。さらに重要なことは，学校の協力指導体制（ティーム・ティーチング）の程度です。ある学校では学級担任が孤立していて，ほと

んど，協力して指導することがありません。それに対して，別の学校では，教師間に強い協力指導体制ができていて，学校が1つの組織体として機能しています。できることなら，どの学校もそうありたいものです。

　最後に，指導や教育課程の編成という観点から重要なことは児童の心身の発達の段階や特性を把握し，学習指導に生かすということです。この点こそ学校の教育課程を編成し，具体的に授業を展開していくとき，もっとも重要になってくると考えられます。「児童はそれぞれ能力・適性，興味・関心，性格等が異なっている。学校においては，児童の発達の過程など的確にとらえるとともに，その学校あるいは学年などの児童の特性や問題点について十分配慮して，適切な教育課程を編成することが必要である」（同書，18ページ）と言われます。

　言い換えると，**子どもたちの間には個人差，すなわち，学習の習熟度（到達度），学習時間（学習ペース），学習適性（学習スタイル）及び興味・関心における違いがあり，「個に応じた指導」が必要である**ということです。学習指導要領では第4「指導計画の作成等に当たって配慮すべき事項」の2の(6)で，具体的に次のような指導のあり方に言及しています。「個別指導やグループ別指導，繰り返し指導，学習内容の習熟の程度に応じた指導，児童の興味・関心等に応じた課題学習，補充的な学習や発展的な学習を取り入れた指導」（総則，16ページ）と。

　教師の最大の願いは，すべて子どもが授業に進んで参加し，指導内容をよく理解してくれることに違いないのです。可能な限りの努力をして，一人の「落ちこぼれ」も出さない授業を創りたいものです。小学校学習指導要領解説『総則編』で繰り返し強調されている「効果的な指導」とは，まさに，このことを意味しているはずです。分厚くなった教科書を活用するための学校の教育課程の編成に当たっては「一人ひとりの子どもに応じた指導」を徹底したいものです。

参考文献：加藤幸次『個別化教育入門』教育開発研究所，1982。
　　　　　加藤幸次監修　全国個性化教育研究連盟編著『学力向上をめざす個に応じた指導の理論』黎明書房，2004。

7 教科や学習活動の特質を考慮する

　学習指導要領は特色ある教育活動を行うに当たって，私たち教師に次のような点に配慮するように求めています。1つは，前節で見たように，地域や学校の実態，児童の発達の段階や特性に配慮することです。他の1つは，教科や学習活動の特質にも配慮することです。
　再度強調しておきますと，新学習指導要領は，学校教育の目標について，「生きる力」の育成にあるとしています。「教育課程編成の一般方針」で次のように言われています。
　「学校の教育活動を進めるに当たっては，各学校において，児童に生きる力をはぐくむことを目指し，創意工夫を生かした特色ある教育活動を展開する中で，基礎的・基本的な知識及び技能を確実に習得させ，これらを活用して課題を解決するために必要な思考力，判断力，表現力その他の能力をはぐくむとともに，主体的に学習に取り組む態度を養い，個性を生かす教育の充実に努めなければならない。」
　前の学習指導要領でも，学校教育の目標は「生きる力」の育成にあるとしていますが，次のように言われています。
　「学校の教育活動を進めるに当たっては，各学校において，児童に生きる力をはぐくむことを目指し，創意工夫を生かして特色ある教育活動を展開する中で，自ら学び自ら考える力の育成を図るとともに，基礎的・基本的な内容の確実な定着を図り，個性を生かす教育の充実に努めなければならない。」
　両者を比較してみると，「生きる力」の育成と「個性を生かす教育の充実」という点は共有されています。同時に，今回の学習指導要領が強調している点が浮かび上がってきます。すなわち，「これらを活用して課題を解決するために必要な思考力，判断力，表現力その他の能力」を

Ⅱ　分厚くなった教科書を「活用」するために考慮すべきこと

はぐくむという点が加えられていると言っていいでしょう。具体的には，次のような学習活動を強調することにあると言われます。

① 体験から感じ取ったことを「表現する」
② 事実を正確に理解し「伝達する」
③ 概念・法則・意図などを「解釈し，説明したり，活用したりする」
④ 情報を「分析・評価し，論述する」
⑤ 課題について，「構想を立て実践し，評価・改善する」
⑥ 「互いの考えを伝え合い，自分の考えや集団の考えを発展させる」
（中教審答申，平成20年1月。「　」は，著者）

　従来，「教科や学習活動の特質に配慮する」とは，ややもすると，皮相的にとらえられてきたのではないか，と反省させられます。すなわち，たとえば，実験や実習は児童が手や体を使う体験活動になり，学習活動により長い時間が必要になり，授業時間を2コマ連続にするといった程度の理解にとどめてきたのではないか。もっと，「これらを活用して課題を解決するために必要な思考力，判断力，表現力その他の能力」をはぐくむという観点から，とらえるべきではないかと反省させられます。**ここにあげられた6つの学習活動から「教科や学習活動の特質に配慮する」ということを考えるべきでしょう。**

　「表現する」「伝達する」「互いの考えを伝え合い，自分の考えや集団の考えを発展させる」はコミュニケーションに関わる「表現力」でしょうか。「解釈し，説明したり，活用したりする」「分析・評価し，論述する」は情報の処理に関わる「思考力・判断力」でしょうか。「構想を立て実践し，評価・改善する」は問題の解決に関わる「思考力・判断力」でしょうか。

　各教科の単元や授業を構成し，指導するという観点から改めて，「教科や学習活動の特質」について考え直してみるべきでしょう。

8　弾力的な単位授業時間や時間割を作る

　はっきりさせておきたいことは，学習指導要領は，各学校が特色ある教育活動を展開するために，弾力的な単位授業時間や時間割を作るように求めているということです。

　「授業の1単位時間すなわち日常の授業の1コマを何分にするかについては，児童の学習についての集中力や持続力，指導内容のまとまり，学習活動の内容等を考慮して，どの程度が最も指導の効果をあげ得るかという観点から決定する必要がある。

　各教科等の授業の1単位時間は，各学年及び各教科等の年間授業時数を確保しつつ，児童の発達の段階及び各教科等や学習活動の特質を考慮して，各学校において定めることとした。」（小学校学習指導要領解説『総則編』，40～41ページ）

　私たちは，授業の1単位時間について，ブロック制やモジュール制を採用してきました。ブロック制は，2校時，ときに，3校時を1つの「ブロック」にするもので，伝統的にも，実験や実習のある理科や家庭科の授業で採用されてきている形です。モジュールとは最小単位という意味で，たとえば，15分あるいは20分を1モジュールとし，授業の1単位時間をモジュールの倍数で決めていくあり方です。15分を1モジュールとした場合，15分授業，30分授業，45分授業，60分授業，75分授業などが出来てきます。

　「各学校においては，時間割を年間で固定するのではなく，地域や学校，児童の実態，各教科等や学習活動の特質に応じ，弾力的に組み替えることに配慮する必要があることを明らかにしたものである。」（同書，42ページ）

　他方，私たちは，弾力的な時間割を作ってきています。必ずしも例外

Ⅱ　分厚くなった教科書を「活用」するために考慮すべきこと

ブロック制時間割（愛知県東浦町立緒川小学校，2007年）

時刻	月	火	水	木	金	時刻
8:30	朝のつどい	読書T	読書T	読書T	プランニングT	8:30
8:45						8:40
8:55		朝の会（スピーチT）・健康観察				
	Ⅰブロック					
10:20						10:20
10:30	大放課	大放課	大　　放　　課		おがわっ子タイム	
10:35						
10:55						11:05
	Ⅱブロック					
12:00						
12:30	給食	給食				12:30
13:10			給　　食		給食	
13:25	清掃	放課	清　　掃		清掃	13:20
13:55	放課	はげみ帰りの会—14:20 ☆おがわっ子議会	放　　課		放課	13:40 13:55
	Ⅲブロック			隔週自治		14:50
15:30	帰りの会		帰りの会		帰りの会	15:30
15:40		課外クラブ活動 自治常時活動			課外クラブ活動 自治常時活動	15:40
17:00						17:00

的とは言えませんが，週時程で毎週水曜日の午前中，あるいは，木曜日の午後を「総合的な学習の時間」にしている学校があります。また，毎日，朝の15分を算数や英語活動にとっている学校もあります。

　私たちは，相変わらず時間割に「引きずられて」授業をしてきてはいないでしょうか。どこの学校でも，45分ごとにベル（鐘）が鳴り，授業が始まり，終わることになっているのです。「時間が指導活動を支配している」と言っても言いすぎではないでしょう。

　そうではなくて，**年間の総時数を確保しながら，それぞれの授業の指導内容に見合った授業時間が確保されるべきでしょう**。正論を言えば，この単元に必要な時間はどれだけで，単元を構成するそれぞれの授業に必要な時間はどれだけか，という観点から考えられるべきでしょう。改めて，このことを考えるべき時期にきていると自覚したいものです。

参考文献：加藤幸次編『弾力的な時間割の工夫』ぎょうせい，2002。
　　　　　奈須正裕・小山儀秋編『授業時数増に対応する時間割編成』教育開発研究所，2009。

9 改めて，学習指導要領，教科書，学校・教師の関係を整理する

　まず，学習指導要領の持つ「2面性」について考えることから始めます。言い換えると，学習指導要領と教科書，それらと私たちはどんな関係にあるのか，考えたいのです。

　学習指導要領の持つ「2面性」の内，1面は，法的に使用義務が課せられている教科書を検定する「基準」というものです。したがって，ここでは学習指導要領は教科書会社に向かって語りかけているのです。

　繰り返しますが，教科書会社は教科の専門家と優れた実践家による教科書製作チームを構成し，学習指導要領，特にその教科の解説書が示す教科の目標，指導内容・指導事項などを詳細に検討し，教科書会社の方針を加えて，教科書を作成しています。その上で，文部科学省に提出し，厳密な検定を受け，合格を得たうえで，教科書を発刊しているのです。

　しかし，確認しておきたいことは，こうして緻密な手続きを経て作成された教科書とは言え，学習指導要領の趣旨を反映しているとしても，なお「一般性」しか持ち得ないものにすぎないということです。

　強い言い方をすると，「教科書"を"教える」というあり方は，「一般性」しか持ち得ない教科書を，「地域，学校や児童の実態」を無視して，自分たちの子どもたちに押し付けている，と言っても過言ではないのです。学校や教師がこのことに注意を払わなければ，「教科書"で"教える」というあり方の重要さが認識できないのです。

　学習指導要領の持つ他の1面は，それぞれの学校が「地域，学校や児童の実態」また，「児童の発達段階や学習活動の特性」を考慮して「特色ある教育活動」を創ることを促しているということです。ここでも，繰り返しますが，学習指導要領は総則第1の1，すなわち，冒頭で次のよ

Ⅱ　分厚くなった教科書を「活用」するために考慮すべきこと

うに言います。
　「各学校においては，（中略），児童の人間として調和のとれた育成を目指し，地域や学校の実態及び児童の心身の発達段階や特性を十分考慮して，適切な教育課程を編成するものとし，これらに掲げる目標を達成するよう教育を行うものとする。」
　「各学校においては」とあるように，学習指導要領は一義的に学校や教師に向かって書かれているものです。言い換えると，上に述べた教科書の検定基準としての文書というよりも，各学校が学校の教育課程を編成するときの基礎になる法的な文書と言えるのです。
　しかし，問題は複雑です。他方で，学校や教師は教科書会社が作成し，文部科学省の検定に合格した教科書を使用して授業を行わねばならないと，学校教育法第21条で定められているのです。
　学校の教師は学習指導要領をあまり読んでいないと言われます。多分事実でしょう。それに対して，使用義務があるのですから，当然と言えば当然ですが，教科書は毎日，毎時間，読んでいるのです。言い換えると，学校や教師は，学習指導要領を無視しているわけではないのですが，教科書に直接かかわっているということです。あくまでも，教科書が中心的存在です。実は，ここに，「教科書"を"教える」という伝統的な態度の根っこがあるのです。
　参考までに言いますと，こうした検定教科書とその義務的使用を課している国はアジア諸国，日本，韓国，中国などです。国によって教科書は国定あるいは准国定です。それに対して，欧米先進国，アメリカ，イギリス，カナダ，フィンランドなどは，私販の教科書はあるのですが，検定制ではなく，使用義務もありません。したがって，学校や教師はナショナル・カリキュラムのめざすところにしたがって，学校のカリキュラムを編成し，指導しています。前者と後者のあり方は大きく違い，日本は前者の代表格です。

参考文献：加藤幸次編『教育課程編成論』玉川大学出版部，2010。

10 教科書の「単元」を「カスタマイズ（自分たち仕立てに）」する

　前節で見たように，学校や教師は著しく教科書に依存してしまっています。「教科書"を"教えていれば」，安全・安心といったものです。しかし繰り返しますが，教科書はよく研究され，検定に合格しているとは言え，全国どこででも使用されるものという「一般性」を備えたものにすぎないのです。

　繰り返しますが，学習指導要領のもう1つの側面は，学校や教師が「学校の教育課程」すなわち年間指導計画や単元指導計画を作成するときの「基準」であるということです。

　学習指導要領は，あらゆる場面で「各学校は……」と表現していて，直接，学校と教師に向かって書かれています。その証拠に，学習指導要領の中には，一度も，教科書という表現は出てきません。

　したがって，私たちは，学習指導要領が強調する「地域，学校及び児童の実態」を考慮して，すなわち，自分たちの地域，学校や児童の「特殊性」を意識して，教科書を「カスタマイズ（自分たち仕立てに）」し，自分たちの学校の子どもたちに適した指導をすべきです。このことが，まさに，教科書を『活用』して指導するということなのです。

　しかし，教科書を活用しようとするとき，きわめて，厄介な課題に直面します。すなわち，具体的には，教科書会社が作成した「教師用指導書」の示す「単元配当表」をどこまで受け入れるべきか，という課題です。結論から先に言いますと，「単元（教材，題材）」を受け入れる方が現実的です。教科書の単元を教科書活用の基礎的な「単位」としたいのです。

　ストレートな言い方をすれば，日本では，役割分担が明確です。すなわち，学習指導要領の構成を見れば一目瞭然ですが，文部科学省が，め

ざすべき「目標」と取り扱うべき「内容」を定めていて，学校は目標から導き出された内容をどのように教えるべきかという「方法」に関わるべき，という役割分担です。

教科書は原則「目標」に基づく「内容」を配列した教科用教材です。もちろん，「方法」にもかかわっていますが，「一般性」を備えているものに過ぎません。教科書が示している単元とはそうした性格のものです。

もちろん，教科書の「単元」を勇気をもって分解して，改めて，目標に照らして指導内容や指導事項を再構成することは可能です。私は多くの学校と授業づくりをしてきましたが，力量のある学校，エネルギーのある学校は，進んで，教科書の「単元」を分解し，自分たちの「単元」を作り出してきました。特に，総合的な学習の時間には内容が示されていませんので，教科との関連を図ろうとするとき，どうしても，「単元」を分解せざるを得ないのです。しかし，それは自分たちの教科書を創るに等しい行為で，現実的ではないと考えます。

なにより，私たちは教科書を使用する義務があります。「地域，学校及び児童の実態」からして，どうしてもというときに限り，いくつかの単元を再構成したいと考えます。

重要なことは，自分たちの地域，学校や子どもの実態を考慮して教科書の「単元をカスタマイズ」し，指導することです。

ここでも，繰り返しますが，学習指導要領は次の3つの活用の手段を示唆しています。

1つは単元に「軽重」をつけ，「重点化」を図ることであり，もう1つは単元の「順序」を入れ替え，改めて「セット化」しなおすことであり，最後の1つは教科間で単元の「関連的・合科的な指導」を行うことです。

教科書の単元を「自分たち仕立てに」しようとするとき，これら3つの活用の手段をテコでいうところの支点としたいのです。そして，自分たちの地域や学校の子どもの指導に当たりたいと考えます。

11 子ども一人ひとりに応じた指導をめざす

　先進諸国は，100年ほど前に，学校制度を整えました。そこでの指導法は，1つの教室に1人の教師を配置し，50人近くの児童を「一斉に指導する」というものでした。改めて見直してみると，一斉指導は学級全員で，同じ学習課題を同じペースで，同じ教材を用いて同じ結論をめざす指導です。そこには，子ども一人ひとりへの配慮が欠けていて，学校制度が整えられて以来，常に，「個別指導」の必要性が叫ばれつづけてきているのです。今日では，共同学習と個別指導をバランスよく用いることが重要になってきています。

　言うまでもなく，学習活動は問題（課題）解決のプロセスを踏みます。新学習指導要領は「問題解決的な学習のより一層の充実」を強調しています。問題（課題）解決学習にとって，導入時の「意欲づけ」や「問題づくり」は重要なステップです。また，話し合い活動，理科での観察実験活動は常に行われる活動です。最後の報告発表活動も重要です。これらの活動は学級あるいはグループによる共同学習で，お互いに学び合う大切な機会です。他方，新学習指導要領においては「個に応じた指導」の重要性について次のように言われています。

　「各教科等の指導に当たっては，児童が学習内容を確実に身に付けることができるよう，学校や児童の実態に応じ，個別指導やグループ指導，繰り返し指導，学習内容の習熟の程度に応じた指導，児童の興味・関心等に応じた課題学習，補充的な学習や発展的な学習などの学習活動を取り入れた指導，教師間の協力的な指導など指導方法や指導体制を工夫改善し，個に応じた指導の充実を図ること。」（総則，第4，2(6)）

　したがって，次に，**分厚くなった教科書を活用して行う指導は，学級あるいはグループによる共同学習と，少人数あるいは個人による個別学

Ⅱ　分厚くなった教科書を「活用」するために考慮すべきこと

習を想定し，そこでの新しい学習形態モデルを考え，活用することにしたいのです。

　モデルとして，次の6つを考えます。（次ページの図参照）これら6つのモデルを伝統的な「一斉授業」からの距離によって，順番に，第1，2モデル（一斉指導の中での「個に応じた指導」），第3，4モデル（一斉指導と個別指導の中間に位置する「個に応じた指導」），第5，6モデル（個別指導に力点を置いた「個に応じた指導」）と位置付け，参考までに，本書の40の指導法の事例には，考えられるモデルを示しておきました。

　説明を加えますと，今日でも，多くの授業が伝統的な「一斉指導」です。教師たちはこの中で工夫を凝らして，特定な学習活動に重点を置いて指導しようと意図しているはずです。教師なら誰しもこうした授業の展開の中で，「一人ひとりの子ども」の学習状況に「気を配っている」に違いありません。このあり方を**第1モデル**とします。

　1980年代には，伝統的な一斉指導を「補充あるいは補足」する授業が認知され，「完全習得学習」の名のもとに実践されてきています。今回の教科書には，「発展的，補充的学習」が取り入れられていることは周知の通りです。こうした補充あるいは補足する形での「個に応じた指導」を**第2モデル**とします。

　他方，いろいろ議論を呼びつつも，広く「習熟度別学習」が導入されています。子どもたちは習熟の程度に応じてグループに分かれ，指導を受けます。さらに，より徹底して，一人ひとりの子どもたちに個別指導していく指導も，広く実践されてきています。こうした一斉指導の延長上に位置づけられる個別指導を**第3，4モデル**とします。

　今日では，「一人学び学習」として独立的に認識されている場合もありますが，必ずしも，一人ではなく，小グループで自力解決していく学習も認知され，かなり広く実践されてきています。教師はそうした子どもたちの自力解決を支援していきます。これら自学学習，自力解決学習を支援する形での「個に応じた指導」を**第5，6モデル**とします。

分厚くなった教科書を活用して行う指導のモデル
―「個に応じた指導」のための「学習形態」モデル―

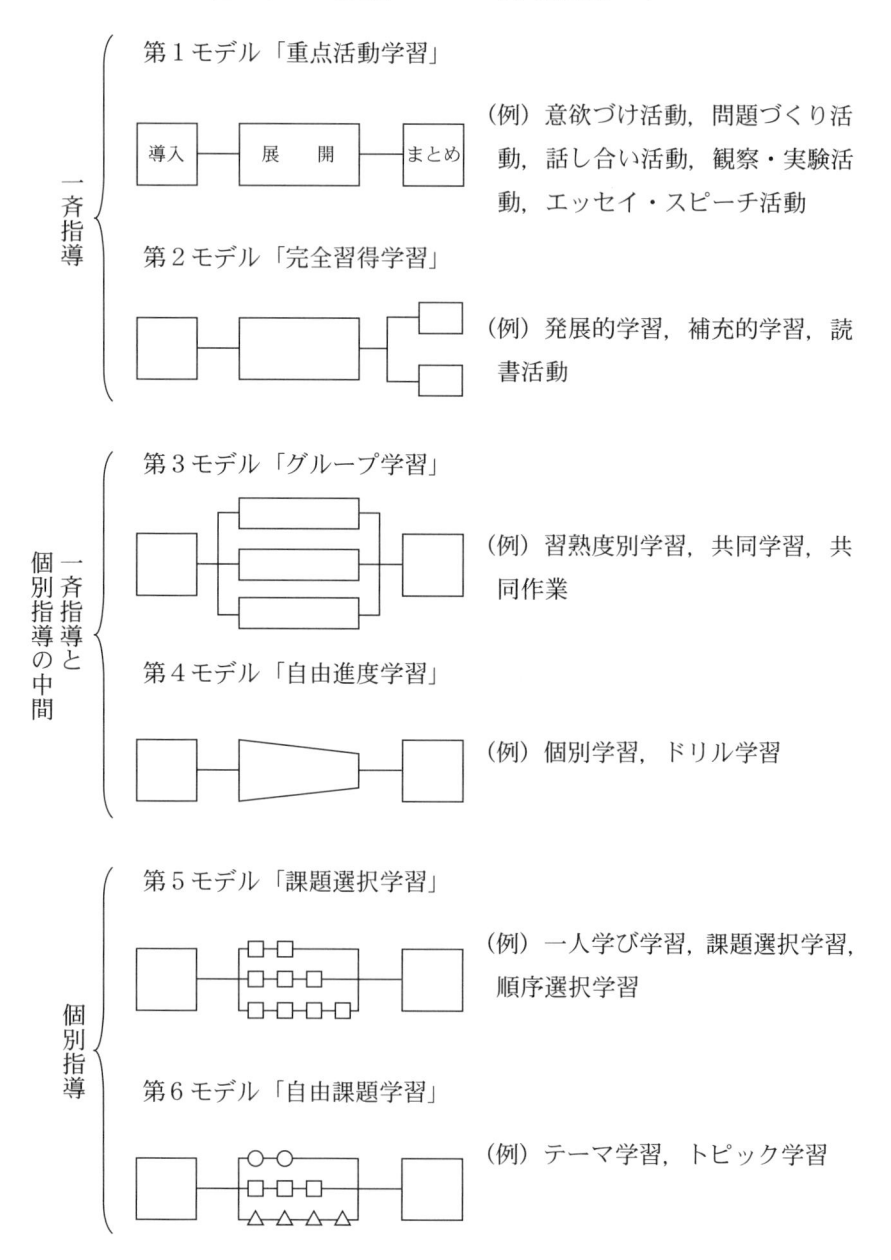

一斉指導 {

第1モデル「重点活動学習」

| 導入 | 展　　開 | まとめ |

（例）意欲づけ活動，問題づくり活動，話し合い活動，観察・実験活動，エッセイ・スピーチ活動

第2モデル「完全習得学習」

（例）発展的学習，補充的学習，読書活動

一斉指導と個別指導の中間 {

第3モデル「グループ学習」

（例）習熟度別学習，共同学習，共同作業

第4モデル「自由進度学習」

（例）個別学習，ドリル学習

個別指導 {

第5モデル「課題選択学習」

（例）一人学び学習，課題選択学習，順序選択学習

第6モデル「自由課題学習」

（例）テーマ学習，トピック学習

Ⅲ
1人で，学年で，最終的には学校として，「学校の教育課程」を創る

　率直に言って，すべての学校がよく組織されているとは言えないのが現状です。もちろん，多くの学校とは言えないとしても，よく組織され，学校と地域・保護者の間に，教師と教師の間に，そして，教師と子どもの間に調和の取れた信頼関係が生まれている学校も，かなりあります。しかし，同時に，学校管理者のリーダーシップがなく，何より，教師間がギスギスしている学校も多いように見えます。残念ですが，こうした学校のほうが多いかもしれません。

　昔から「学級王国」などと言われてきていますが，このところ，学級と学級がバラバラになってきているように思われて仕方ないのです。教師はお互いに「口を挟まない」といった状況にあるのではないかと，心配にもなります。

　そこで，現実的に見て，**まず，一人ひとりの教師に働きかけたいと思います。すなわち，1人の教師として単独でできる「分厚くなった教科書を活用した指導法」を考えたいのです。**単元に「軽重」をつけたり，「順序」を入れ替えたり，教科間で指導内容を関連・合科することは，もちろん，単独でもできます。

　しかし，それは大変な作業量になるばかりでなく，1人ではよい考えや知恵が浮かんできません。したがって，**次に，教科を国語と算数に限定してでも，学年でチームを組むことを考えたいのです。**

　学年でチームを組むことができれば，地平線が一挙に広がります。さらに，**最終的には，学校全体が1つのチームを組んで，**特色ある「学校の教育課程」を創り出したいものです。

12　1人で，第2部の事例を参考にして，教科書に挑戦する

　教師の仕事は限りがありません。何より，始業のベルが鳴れば，授業が連続します。小学校は全教科担任制ですから，専科の教師がいなければ，すべての教科を教えねばなりません。その上，5，6年を担当すれば，慣れない英語活動も教えねばなりません。それこそ，寸暇を惜しんで，教材研究をしなければ授業もおぼつかなくなるといったものです。

　特別支援教育が必要な子どもも混じってきていて，授業を落ち着いてできない状態に陥っている学級も多いと聞きます。いい表現ではありませんが，「学級崩壊」の危機にさらされている学級もあるに違いありません。その上，父兄からの苦情も多くなっています。

　しかし，結局のところ，「良い授業」をする以外に，こうした問題に対処する方法はないと考えるべきです。すべては，自分が行っている授業に行き着くはずです。それが教師の責務だからです。そんなに単純ではないことは，誰しも，わかっていることです。しかし，学校の教師である以上，そう考えるべきです。もっと言えば，自分の学級の授業に真摯に向かい合い，責任を持つことです。

　「良い授業」とは何か，実に難しい問いです。教師なら，常に考えさせられている問いでしょう。以前は，子どもの立場に立って，「わかる授業」とか，「たのしい授業」とか言われました。「一人ひとり出番のある授業」とか，「子どもが参加する授業」とか言われました。しかし，最近は，学力向上という圧力でしょうか，教師の立場に立って，「統率力のある授業」とか，「規律のある授業」とか言われるようになってきています。

　確かに，算数の例がわかりやすいのですが，今回の移行期にはっきり示されたように，指導内容が平成元年の学習指導要領のレベルに戻されました。冒頭の3つの項でも見てきたように，指導内容が多くなり，教

Ⅲ　1人で，学年で，最終的には学校として，「学校の教育課程」を創る

科書は分厚くなり，このまま行けば「詰め込み教育」になる心配がでてきました。こうした状況だからこそ，「良い授業」を探し求めねばならないのです。結論的に言えば，第2部に示した実践事例を活用して，「教科書"で"教える」授業を創意工夫してほしいのです。すなわち，教科書に対する教師の積極的で，主体的な対応が求められているのです。

そのために，学習指導要領は私たちに「地域，学校，児童の実態を考慮すること」また，「教科は学習活動の特質を考慮すること」を求めています。また，「柔軟に授業の単位時間を定めたり，時間割を工夫すべきである」と言い，「個に応じた指導」の重要さを強調しています。

普通，3月の末までには，担当する学年が決まるものです。持ち上がることが予想されれば，早くから担当する学年はわかります。**日ごろの多忙さの中で，1人で行おうとするとき，担当する学年の教科の内，1つに絞りこみます。**

たとえば，国語とか，算数を選び，そして，その教科の教科書の「単元」を1年間並べてみて，研究するところから始めます。自分の今までの経験に加えて，担任する子どもたちのことを考えて，どの単元に重点を置き，どの単元は軽く取り扱うべきか，決めます。

そのとき，教師用指導書を参考にして，単元に配当する時間を調整していきます。次に，軽重をつけた単元を構成する各「授業」の展開を工夫します。45分という単位時間にこだわることはありません。できることなら，授業で用いる教材についても，思いをめぐらせておきたいものです。

また，同時に，自分の今までの経験に加えて，担任する子どもたちのことを考えて，単元の順序の入れ替えも考えるべきでしょう。関連する単元を連続させたり，小単元を中単元にしてみたりしたいものです。

夏休みは単元構成を再考したり，指導に必要な教材を探したり，作成したりすることのできる絶好の時期です。与えられた教科書をはじめから順番に教えていくという受け身な態度は避けたいのです。

13 学年でティームを組んで，教科書を活用した指導を創る

　前項で，まずは，1人で教科書に挑戦し，自らの指導法を創ろうと言いましたが，できることなら，同じ学年で協力し合いたいものです。気の合った者同士なら，協力し合うのも，苦労ではないでしょう。1人では，エネルギーも時間も，限界が見えています。また，良い考えや知恵も湧いてこないでしょう。2人で，あるいは，3人で力を合わせ協同して指導に当たる「楽しさ」を自覚したいものです。

　たまたま，同じ学年に気の合う教師が配置されれば，自然に協力し合うようになるのでしょう。もちろん，学校の経営方針として「学年ティーム」が位置づけられているほうが，協力体制ができやすいでしょう。

　ここでも，**担当する学年が決まった段階で，同じ学年に属する教師が集まって話し合い，ターゲットとする教科を決めることから始めたいもの**です。複数の教師が協力し合うのですから，複数の教科を対象としてもいいかもしれません。

　教科書の「単元」を1年間並べ，自分たちのこれまでの経験から，また，担当する子どもたちの実態を考慮して，どの単元に重点を置き，どの単元は軽く取り扱うべきか，決めます。そのとき，第2部で示した実践事例を参考にして，単元に配当する時間を調整していただきたいのです。

　次に，軽重をつけた単元を構成する各「授業」の展開を工夫します。45分という単位時間にこだわることはありません。できることなら，授業で用いる教材についても，思いをめぐらせておきたいものです。

　また，同時に，自分の今までの経験に加えて，担任する子どもたちのことを考えて，単元の順序の入れ替えも考えるべきでしょう。関連する単元を連続させたり，小単元を中単元に，あるいは中単元を大単元にし

Ⅲ　1人で，学年で，最終的には学校として，「学校の教育課程」を創ってみたりしたいものです。もちろん，ここでも第2部で示した事例を参考にしてください。単に単元の順序を入れ替えるだけでなく，改めて，連続した単元に「作り変える」ことを試みても，おもしろいはずです。

　夏休みは単元構成を再考したり，指導に必要な教材を探したり，作成したりすることのできる絶好の時期ではないでしょうか。できることなら，教科間の関連にも目をやり，関連的・合科的な指導についても，検討してみたらどうでしょうか。そのために，低学年では，学年ティームで「生活」科の単元構成と指導のあり方について研究するとよいのです。

　中・高学年では，「総合的な学習の時間」における，単元や指導のあり方について研究するとよいのです。生活科や総合的な学習の時間は他の教科の指導内容と関係付けられるべきですので，自ら教科間の関連に目が行くに違いないからです。

　秋には，1つの単元を限定して，研究授業を仕組んでみてはどうでしょうか。学年として，その単元について集中して研究し，分厚くなった教科書を活用した指導法を創り出し，他の学年の教師にも，見ていただいたらどうでしょうか。学校の中に研究の輪が広がることが期待できます。

　従来の研究授業は，教師の発問と板書の仕方，それを受けた子どもの反応といった指導の技法に焦点が当てられ，研究されてきたのですが，「教科書"で"教える」という観点から授業研究をすることは，「地域，学校，児童の実態」を考慮し，「教科や学習活動の特質」をも考慮した単元構成，授業での指導のあり方，教材・教具を含んだ学習環境など，学校の教育課程にかかわる基本的，総合的な研究になるはずです。

　繰り返して言えば，教科書をそのまま受け入れ，最初の単元から最後の単元まで順を追って教えていくという消極的なあり方が，教師から職能成長の機会を奪ってきたのではないか，と考えられます。

参考文献：加藤幸次『ティーム・ティーチング入門』国土社，1996。
　　　　　加藤幸次・佐野亮子編著『小学校の総合学習の考え方・進め方』黎明書房，1998。

14 学校として,第2部の事例を総合して,特色ある教育課程を創る

　確かに,何事についても,1人で取り組むほうがやりやすいし,自分の思い通りに進められるので,きわめて現実的でしょう。したがって,まずは,教師が一人ひとり努力して,分厚くなった教科書への対応を考えるべきでしょう。

　しかし,当然のことですが,1人で取り組むことには限界があり,いい考えや知恵が湧いてこないことも確かです。なにより,多忙さや怠惰に流され,結局,よほど意志の強い教師でない以上,努力が途絶えかねないのです。

　1人に比べれば,学年でチームを組んで,研究しながら,分厚くなった教科書に対応した指導法を考えるほうが,長続きしそうです。しかし,気心のあった教師とチームを組むことよりも,学校の経営方針として学年でチームを組んで協力することが明記されていたほうが,やりやすいと考えられます。できることなら,学校全体が1つのチームとして組織されていると,それが強力な力となって実践されていくことでしょう。

　少しでも,なんらかの研究を行っている学校には,「研究推進委員会」が存在します。研究主任を中心に,各学年からの代表で構成されている場合が多いはずです。この委員会のもとに,**課題別の専門部会を作るべきではないか**と考えます。

　1つは**「教育課程」部会**です。副校長や教務主任が,前例に従って,形式的に書くのではなく,分厚くなった教科書への学校としての対応を踏まえて,学校の教育課程を検討し,作成する部会です。この部会は,なにより,「地域や学校や児童の実態を捉えること」をすべきです。そして,そのことを反映した形で,英語活動と総合的な学習の時間を含ん

Ⅲ　1人で，学年で，最終的には学校として，「学校の教育課程」を創る

だ教科等，道徳及び特別活動についての年間指導計画及び単元指導計画を作成すべきです。

　他の1つは**「指導方法研究」部会**です。この部会は「教育課程」部会と協力関係にあり，各学年の教師がチームを組んで，具体的に，各学年の教科等，道徳及び特別活動での指導方法について研究することになります。第2部で示した実践事例を参考にして，実質的な「指導法」を創っていただきたいのです。

　もう1つは**「学習環境」部会**です。この委員会は，従来あまり創られてきている部会とは言いがたいのですが，「個に応じた指導」を重要視するとき，きわめて大切になる部会です。すなわち，図書室，オープンスペース，空き教室などの環境設定，個に応じた指導のための教材・教具の整備，ボランティア活動に対する環境整備など，この部会で検討し，準備することになるはずです。「地域の実態」とは，学校を取り囲む学習環境と考えてよく，地域で行われる年中行事，地域の文化材や人材との連携を図ることがこの部会の役割でもあります。

　最後の1つは**「学習評価研究」部会**です。授業に関しては，今日，観点別評価に加えて，ポートフォリオ評価が重要視されてきています。ペーパーテストについても研究が必要ですし，エッセイを書かせたり，作品を作成させて，評価することも多くなってきています。また，今日では，多くの学校に「外部評価委員会」が設定されているはずです。この委員会による学校評価にも，この部会はかかわることになるはずです。

　学校は1つの統一した組織体として機能すべきことは言うまでもありません。しかし，現実は，必ずしも，そうとは言えず，教師たちが孤立している学校も多いはずです。

　学校を1つの統一した組織体に仕立てるためには，強力なリーダーシップと一人ひとりの教師の協力が不可欠です。学校全体が1つのチームとして組織されるならば，強力な力となって教育実践はされていくに違いないのです。

第2部

分厚くなった教科書を活用した授業づくり

＊各事例の「モデル」については，本書38頁を参照してください。
　＊本文中の単元の「時間」は，すべて「校時」を指します。

Ⅳ
単元に「軽重」をつけて、「重点化」を図る

　先に述べたように、学習指導要領は2側面を持つとは言え、一義的には、学校や教師に向かって書かれたものです。
　その趣旨に従えば、教科書をはじめから順に教えていくことは、学校や教師の怠惰そのものです。地域、学校や子どもの実態と教科等や学習活動の特質を考慮して指導して教科書を「カスタマイズ（自分たち仕立てに）」してこそ、学校であり、教師なのです。
　テコの原理で言うところの「支点」で、分厚くなった教科書を持ち上げ、活用し、「効果的な指導」を行おうとするときの**第一の支点は、「指導時間をカスタマイズして」、1つの単元の中で、あるいは、単元間で「軽重」をつけ、「重点化」を図る**ことです。
　それに伴って、もちろん、「指導方法」についても新たに検討を加えることになります。
　繰り返しますが、小学校学習指導要領解説は次のように言います。
　「各学校において指導計画を作成するに当たっては、各教科の目標と各指導事項との関連を十分研究し、まとめ方などを工夫したり、内容の重要度や児童の学習の実態に応じてその取扱いに軽重を加えたりして、効果的な指導を行うことができるよう配慮しなければならない」と。
（小学校学習指導要領解説『総則編』、49ページ）
　具体的には、教師が子どもたちにしっかり理解してほしいと願う「活動や単元」を選択し、より多くの時間を割いて、重点的に指導することです。

国語（5年）単元（教材）配当表

	11					12				1				2			3			
和語・漢語・外来語	大造じいさんとガン	漢字の読み方と使い方	秋の空	天気を予想する（VII—35）	グラフや表を引用して書こう	同じ読み方の漢字	論語（VI—25）	わたしたちの「図書館改造」提案	千年の釘にいどむ	漢字の広場④	雪女	詩の楽しみ方を見つけよう	ゆるやかにつながるインターネット　書き言葉と話し言葉	漢字の広場⑤	すいせんします	冬から春へ	複合語	わらぐつの中の神様（VI—27）	物語を作ろう	漢字の広場⑥

授業時数の合計　135

| 2 | 8 | 2 | 1 | 6 | 4 | 2 | 1 | 6 | 2 | 1 | 2 | 8 | 2 | 6 | 2 | 1 | 7 | 6 | 2 |

＊学習指導要領の配当時数——175時間
＊国語の配当時数——135時間（書写に30〜35時間を充て，残りは予備時間とする。）

　小学校学習指導要領解説『総則編』で「その取扱いに軽重を加える」と言われるときの「その」は，学習指導要領の示す「内容」を意味します。ここでは，国語の場合を考えてみます。

　その内容とは，学習指導要領には，「話すこと・聞くこと」「書くこと」「読むこと」の能力を育てるため，それぞれ，指導すべき「事項」が示されていますが，その指導事項のことです。

　どの教科でもそうですが，指導事項は(1)(2)(3)……の順序で示され，それぞれ，ア，イ，ウ……の順序で示されています。

　教科書の編集者は「教師用指導書」に詳しく示されているように，教科書で取り扱う内容とこれらの指導事項との整合性を細かく検討して，単元とその教材を設定し，このような配当表を作成しています。

　教師は，「内容の重要度や子どもの学習の実態」を考慮して，こうした単元に軽重をつけ，「重点化」することになります。2つの重点化を考えます。

　1つは，1つの単元の中で「特定の学習活動」に重点的に時間配分する，方法です。

　他の1つは，複数ある単元の中で「特定の単元」に重点的に時間配分する，

IV　単元に「軽重」をつけて，「重点化」を図る

――光村図書，平成22年検定済

【5年】

月	教材名	時数
4	丘の上の学校であめ玉	3
4	のどがかわいた（IV−8）	3
4	漢字の広場①	2
4	春から夏へ	1
4	新聞を読もう	2
5	漢字の成り立ち	2
5	見立てる／生き物は円柱形（VII−31）	7
5	竹取物語・枕草子・平家物語（VI−25）	2
5	きいて、きいて、きいてみよう	2
5	漢字の広場②	4
6	百年後のふるさとを守る	10
6	敬語	2
7	次への一歩――活動報告書	10
7	漢字の広場③	2
9	夏の日	1
9	われは草なり	1
9	カンジー博士の暗号解読	2
9	豊かな言葉の使い手になるために	14
10	インターネットを使って調べ，話し合うために大切な言葉	

＊太字は本書で事例として取り上げている単元を示しています。ローマ数字と算用数字の組み合わせは，前者が取り上げている章を，後者が項目番号を示しています。目次を参照してください。

方法です。すなわち，重点を置いた学習活動あるいは単元には「指導時間」を長く取ることです。

　まず，学年の最初に，教師用指導書の「学年単元配当表」を大きく書き出して，張り出し，どの単元を取り上げるべきか検討します。地域，学校及び児童の実態を考慮して，単元内での時間配分，単元間での時間配分，さらに，それに伴う指導方法について検討し，その教科の年間指導計画を立案していきます。

　今日的に言えば，特に，2つ重点化したいことがあります。

　1つは問題解決能力の育成です。問題を設定し，追究し，結論を得る能力を育てることです。1つの単元の中で，問題解決をめざす活動を通して育てることになります。

　他の1つは，特に国語と算数については，各種の学力テストによって子どもたちの持つ課題（弱いところ）がわかってきています。こうした「児童の学習の実態」を考慮して，学習活動や単元に強弱をつけ，「重点化」を図ることが重要になります。

1 導入時の2校時を60分と長く取って「意欲づけ活動」を重点的に行う

——事例：国語・4年『ごんぎつね』（第1・第3モデル）

　単元に「軽重」をつけて，「重点化」する第1の段階は，単元の中での「問題解決活動」に軽重をつけることです。

　言うまでもなく，授業における最大の問題は，間違いなく，学習へのやる気をどのように高めるか，という「意欲づけ活動」です。子どもたちがやる気になってくれない，という悩みはどの学校，どの学級でも深刻です。

　一体，人はどんなときにやる気になるのでしょうか。

　まずよく言われるように，「外的意欲づけ」です。最後にテストがあるぞ，と脅すことが最も一般的な外的意欲づけです。さらに，テストで悪い点を取れば，叱られ，良い点を取れば，ほめられ，褒美が得られる，というのも同じです。人が入学試験や資格試験に真剣になるのも，外的意欲づけの典型的な例です。

　それに対して，「内的意欲づけ」というものがあります。それは学習活動そのものに対して，やる気を起こすようにすることです。「身の回りにあるのだな。よく見てみよう」「不思議だな。調べてみよう」「楽しそうだな。やってみたい」「おいしそうだな。作ってみたい」などと，子どもの内からやる気が起こってくる状態を創ることです。

　しかし，やる気が起こるためには，こうした状態は必要条件ですが，十分条件ではありません。やれるという「見通し」がなければ，やり始めることはできません。すなわち，手立てや手順についても，およそ，見通しが立ち，さらに，学習がめざす最終的な結果がイメージ化されなければなりません。言い換えると，学習活動の「全体像」が，しっかりとは言いませんが，およそ描けなくてはやり始めることはできません。

　どの授業についても，このことは真剣に取り組むべきことです。教科

Ⅳ 単元に「軽重」をつけて,「重点化」を図る

書にある単元を当然のごとく,順番に指導していくというあり方は反省すべきです。どの単元に入るときも,丁寧に学習への意欲を喚起すべきことは言うまでもありません。それほどまでに,**「意欲づけ」とそれに伴う課題へ見通しを立てることは課題解決学習の重要なプロセス**なのです。

(1) 指導時間(時間配分)

事例『ごんぎつね』は14時間単元です。導入時の2校時を各々60分(45分+15分)と長く取って,子どもたちの学習への関心・意欲を高めたいのです。増えた15分の2回分,計30分を「予備時間」から取ってくることも考えられます。

日本の場合,多くの学校でチャイムが鳴りますし,時間割が決まっているので,隣の学級と時間が違ってしまい,不都合が生じます。もしかなり頻繁にこうした時間配分の授業を行うのなら,アメリカの小学校のように,毎日,その日の時間割(スケジュール)を黒板に書き出すようにする必要があります。授業時間の管理を教師が自分でします。

(2) 指導方法

今までに学んだことの中から人間と動物がかかわりあった物語を探すことになるでしょう。4年生までに,「おおきなかぶ」「たぬきの糸車」「スーホの白い馬」を学習していますし,家でも,そうした本を読んだことのある子どももいるでしょう。特に,2年で学んだ「スーホの白い馬」はもう一度,読ませてみたい内容です。2年生の時にはよく理解できなかったスーホの悲しみが,4年生になって理解できる子もいるでしょう。

人間と動物のかかわりがこれから読む「ごんぎつね」ではどうなっているのか,期待が膨らむように指導します。

従来どおり,学級全員で学習活動を進め,必要に応じて,小グループに分かれて話し合い,最後にまた,学級全員でまとめるというあり方でもかまいませんが,初めから小グループに分かれて,読み取っていくグループ学習も考えられます。

参考文献:奈須正裕『学ぶ意欲を育てる』金子書房,2002。

2 導入時の2校時を連続して120分として「意欲づけ活動」を重点的に行う

——事例：算数・3年『円と球』（第1・第4モデル）

　子どもたちに学習意欲がない，やる気がないと嘆く教師はとても多いのですが，時間を確保し，「意欲づけ活動」を意図的に行っている教師は多くないのではないでしょうか。指導内容が過密で，十分「意欲づけ」を行っている余裕がない，と言われそうです。

　必要なことは，その単元の学習に対して，子どもたちをやる気にさせる技法を研究し，実行することです。極端な言い方をすれば，子どもたちがやる気になれば，自分たちの力で学習を推し進めていくことさえ期待できるのですから。

(1) 指導時間

　ここでは，新しい単元の入った最初の2回の授業を連続して，120分授業を考えてみます。言い換えると，通常の45分授業では，時間が短すぎて，「意欲づけ活動」が十分行えないと考えるからです。事例『円と球』は9時間単元です。ここでも，年間指導計画の中で，計画的に，増えた30分をやりくりしてください。

(2) 指導方法

　子どもたちを内的に意欲づける方法として，子どもの生活や経験と結びつけることが重要です。

　事例では，たとえば，学校の内外で「円や球」を探してくる活動が考えられます。同時に「三角や四角の形をしたもの」「楕円形をしたもの」も探すとおもしろいと考えられます。

　探してくる活動を通して，生活の中で「円や球」の形をしたものを具体的に手にし，見て，知ることができます。コインや皿が丸いことは誰でも知っていますが，マンホールのふたや丸い窓など見つけてくる子どもがいます。ボールが球であることはよくわかる例です。テニス，野球，

Ⅳ　単元に「軽重」をつけて，「重点化」を図る

サッカーなどのボールを探してくる子もいるでしょう。いくつかの果物が丸いことにも気づくでしょう。

　「意欲づけ活動」に連続した2回の60分授業を当てます。もちろん，途中で休憩を挟むのはかまいません。この120分という長い授業の中で，子どもたちは「円や球」の形をしたものを探してくるのと同時に，探してきた円の形をしたものの直径や，円周を測定したり，球の形をしたものの周りの長さを測ったりする操作的活動をし，それらの活動の中で，円を書こうとか，球の中はどうなっているかといった学習課題を見つけていくはずです。

　教科書を開けば，この単元の活動は「円，中心，半径，直径，球」などについて学習することであることはわかりますが，子どもたち自身からそうした課題が出てくるように，仕向けたいものです。そのために，教科書は「後で」見るとして，導入時は見ないで始めた方がおもしろいかもしれません。

　もちろん，単元全体への見通しを持たせることは大切ですので，「意欲づけ活動」が一段落したところで，教科書を開いて，「円，中心，半径，直径，球」といったことを学ぶ単元であることを知らせることは重要でしょう。教科書のこの単元のページをめくりながら，およそこんなことを学ぶというイメージを与えることが考えられます。

　一般に，単元のはじめの授業では「導入」として「前時の復習」が行われているはずです。あるいは，教科書に示されている学習課題に直接導いてしまっています。これでは子どもたちは受け身で，したがって，学習意欲は高くなりません。現状は，あまりにも容易に，教科書に依存しすぎではないでしょうか。

3 導入時の2校時を連続して「問題づくり活動」を重点的に行う
――事例：社会・3・4年『ごみのゆくえ』（第1・第3モデル）

　単元に「軽重」をつけて，「重点化」する第1の段階は，単元の中での問題解決活動に軽重をつけることです。前項の「意欲づけ活動」と表裏一体の関係にあるのですが，「問題づくり活動」を取り上げます。

　どの教科のどの単元でも学習活動は問題（課題）解決学習であるべきで，真剣に「問題（課題）づくり」がなされるべきでしょう。ややもすれば，多くの学習活動がドリル的な学習の繰り返しになりがちです。

　言うまでもなく，問題解決学習は「問題（課題）づくり」から始まります。問題は与えられたものではなく，子どもたちが自ら作りだしたものであるべきでしょう。なぜなら，そのとき，問題意識がもっとも高まるからです。新学習指導要領でも，社会や理科は「問題解決学習のより一層の充実」が叫ばれています。

　課題と問題という言葉を区別しておきたいのです。課題は英語ではタスク（task）と言い，文字通り，人から「課された題」です。それに対して，問題は疑問（question）で，自分で「問うた題」です。もちろん，この区別は便宜的ですが，課題解決学習と問題解決学習を区別するときにも，使えそうです。

(1) 時間配分

　この単元『ごみのゆくえ』に配当されている時間は14時間です。発展学習として「わたしたちのくらしと電気」に1，2時間割くとして，単元の学習時間は12，3時間で，最初の2時間を連続して取り，問題づくりに当てることを計画します。子どもたちは，ごみが分別されて，決まった日に，収集車によって収集されていることをよく知っています。しかし，収集されたごみがどう処理されているのかは，定かではないと考えられます。

(2) 指導方法

「問題（課題）づくり」で重要なことは，**子どもたちが問題（課題）に気づく場面を設定することです**。当然のことですが，急に問題や課題を作るように言われても，誰しもとまどうものです。したがって，子どもたちが問題（課題）に気づく場面を「問題的場面」と名づけておきますが，この場面が重要になってきます。前項で述べた「意欲づけ活動」は十分「問題的場面」になります。

この単元で言えば，事前に家庭でのごみの処理や収集の状況について調べさせておきます。単元に入って，家庭でのごみの処理や収集について調べたことを報告する活動を設けます。2時間連続した授業の前半をこの活動に充てることにしましょう。

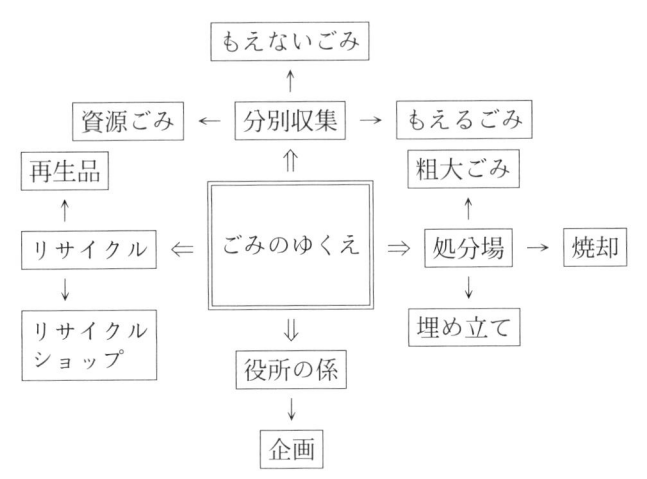

```
                    もえないごみ
                         ↑
   資源ごみ  ←   分別収集  →  もえるごみ
                         ⇑
   再生品                    粗大ごみ
     ↑                        
  リサイクル ←  ごみのゆくえ ⇒  処分場  →  焼却
     ↓                         
  リサイクル                  埋め立て
   ショップ                    
                         ⇓
                       役所の係
                         ↓
                        企画
```

後半は，ウェビング（webbing）手法を用いて，問題（課題）づくりを行います。ウェブとはクモの巣です。クモがクモの巣を張るように，子どもたちが関心を持つ事項を整理し，関心事をネットワーク化していく手法です。このとき，原理，原則的なことがらとそれを支えている事実・事例を区分し，構造化していきます。問題はグループに割り当てられ，問題解決学習が行われていきます。

参考文献：高浦勝義『問題解決評価』明治図書，2002。

4 導入時の2校時を連続して「問題づくり活動」を重点的に行う

――事例：国語・4年『ウナギのなぞを追って』（第1・第5・第6モデル）

　国語の説明文で取り扱う内容は社会や理科のかかわる内容と関連しています。この単元はまさに理科で取り扱ってもよい内容です。もっとも，ウナギになどについて取り扱う理科の授業はどこにもないのですし，この単元は，子どもたちにとってとても興味のある内容の「読み物」でしょう。夏になると，いつも食べるウナギがどこで生まれているのか，誰も知らなかったというのですから。

(1) 時間配分

　この単元の配当されている時間は10時間です。

　最初の2時間で，本文である『ウナギのなぞを追って』を読みきり，「問題づくり」をします。残された8時間のうち，調べる活動には6時間を当て，最後の2時間はまとめと発表に当てるという時間配分になります。

　ただし，次の単元『聞き取りメモの工夫』（6時間）と合わせて，学習することも考えられます。その場合，学習活動は16時間になります。単元『聞き取りメモの工夫』の題材は児童会活動の中の委員会活動で，それについての聞き取り活動をするのですが，ここではウナギをめぐる聞き取りに変えます。

(2) 指導方法

　まず，最初の2時間で読み，内容を理解します。その上で，ここでも，ウェビング手法を活用して「問題づくり」をします。

　ウェビング手法による「問題づくり」にこだわるのは，**ウェビング手法による「問題づくり活動」**は，問題とは何か，課題とは何か，ということを学ぶ機会になるからです。追究しようとする問題はいくつあるの

Ⅳ　単元に「軽重」をつけて，「重点化」を図る

か，それぞれの問題では何と何について追究するのか，追究するための情報やデータはどこにあるのか，そもそも自分たちにできることなのか，などについて話し合いながら進めていくからです。また，こうしたプロセスを通して，追究する問題を子どもたち全員に共有化させていくことができるからです。

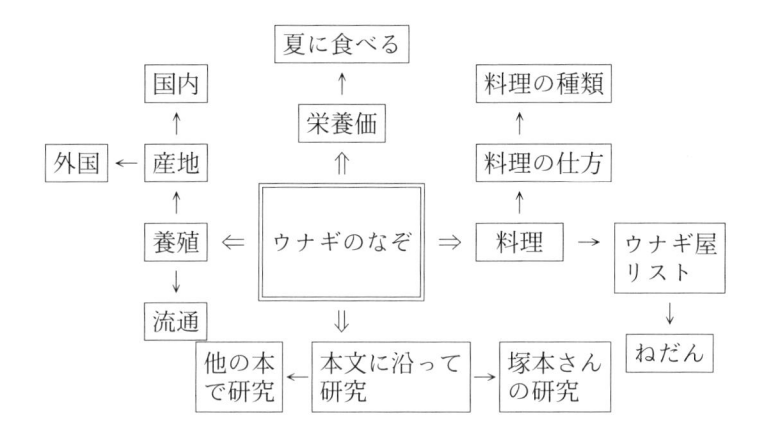

```
                    夏に食べる
                        ↑
     国内           栄養価         料理の種類
       ↑              ↑                ↑
外国 ← 産地                          料理の仕方
                                       ↑
       養殖 ⇐  ウナギのなぞ  ⇒  料理 → ウナギ屋
                                            リスト
       流通            ⇓                       ↓
                                              ねだん
         他の本   本文に沿って  塚本さん
         で研究    研究          の研究
```

　調べ活動をより豊かなものにするためにも，次の単元『聞き取りメモの工夫』を取り込み，より大きな単元としたいものです。
　本文『ウナギのなぞを追って』の2時間の学習は，子どもたちが問題を感じ取る「問題的場面」になっているのです。子どもたちはウナギについて自由に問うていきます。
　「料理」「養殖」「料理の種類」「栄養価」などの問題が作られ，小グループに分かれて調べ，最後に，地域のウナギ屋さんに聞き取りに行くという学習活動が考えられます。
　できることなら，地元のウナギ屋さんの協力を得て，学校で実際にウナギを開き，焼き，料理していただけると，実感が湧いてきます。かつて，柳川市の小学校で総合的な学習の時間と合科して，地元のウナギ屋さんに料理していただいたことがあります。今でも，あのときの匂いがいたします。

5　2時間多く時間を取って「算数的活動」に重点を置く

──事例：算数・3年『重さ』（第1・第2モデル）

　新学習指導要領は基礎的・基本的な知識と技能の習得，これらを活用して課題を解決するために必要な思考力，判断力，表現力の育成を強調しています。これを受け，算数では「算数的活動」が強調されています。

　「算数的活動とは，児童が目的意識をもって主体的に取り組む算数にかかわりのある様々な活動を意味している。」「算数的活動を通して，数量や図形の意味を実感をもってとらえたり，思考力，判断力，表現力等を高めたりできるようにするとともに，算数を学ぶことの楽しさや意義を実感できるようにするためには，児童が目的意識をもって主体的に取り組む活動となるように指導する必要がある。その意味で，例えば，教師の説明を一方的に聞くだけの学習や，単なる計算練習を行うだけの学習は，算数的活動には含まれない。」（小学校学習指導要領解説『算数編』，9，10ページ）算数的活動を代表する活動は「作業的・体験的な活動など身体を使ったり，具体物を用いたりする活動を主とするものがあげられる」。（同書，10ページ）

　第3学年では，次の5つの算数的活動が示されています。

　　ア　計算の仕方を考え説明する活動
　　イ　小数や分数の大きさを比べる活動
　　ウ　単位の関係を調べる活動
　　エ　正三角形などを作図する活動
　　オ　資料を分類整理し表を用いて表す活動

(1)　時間配分

　ここで取り扱う『重さ』は8時間単元です。2時間多く取り10時間で行います。ちなみに，前の教科書では9時間単元でしたので，2時間加えても，以前に比べれば，1時間増えたに過ぎないのです。2時間増や

Ⅳ 単元に「軽重」をつけて,「重点化」を図る

す理由は,昨年度市レベルで行われたテストの結果,多くの子どもたちは基礎的な「単位」の読み取りができていなかったからです。

　この単元の展開は個別指導のため学習形態の第2モデル「完全習得学習」に従い,一斉学習の後に,一斉学習を補充する目的で,個別指導を行います。たとえば,2時間増やして10時間ですが,7時間を一斉指導に,残り3時間を個別指導に割り振ることにします。

　もちろん,一斉指導の最初の導入では,「長さ」や「かさ」に触れ,今まで学んだ㎜,㎝,m,㎞および㎖,㎗,ℓについて復習します。この単元では,いろいろな違ったはかりを見せながら,「重さ」の存在に気づかせていきます。教科書では,天びんばかりを使って「同じ重さにする活動」が導入として行われています。

⑵　指導方法

　「g」が単位のはかりで,ふでいれ,おもちゃ,バナナ,ねん土などをはかりながら,g,kg,tという重さの単位を学習しています。次に,「kg」が単位で,4kgまではかれるはかりで,教科書や単行本など少し重いものをはかり,続いて,体重や自動車の重さを問題にします。

　こうした一斉学習の学習活動で理解していく子どもがいる一方,理解できない子どもがかなりいます。指導内容の中心がg,kg,tという重さの単位にあるのですが,授業を見ていると,理解できない子どもたちははかりが持つ「はかりの単位」に理解が及ばないことがわかります。すなわち,1kgまではかれるはかりと,4kgまではかれるはかりの「1目盛り」の意味する重さが違うことが理解できないのです。

　残された3時間の個別指導は一斉学習についてこられなかった子どもたちのためにあるのです。すなわち,この点をめぐって,「作業的・体験的活動」を繰り返し,納得のいくところまで活動させるべきです。2つの違った単位のはかりに,たとえば,同じ重さの粘土を置いて,針の指すところを比較してみるのです。ちなみに,一斉学習についてこられた子どもたちには,いろんなものをいろんなはかりではからせておきます。

6 2時間増やし，4時間連続の授業を組んで「観察実験活動」に重点を置く
—— 事例：理科・6年『土地のつくりと変化』（第1・第3モデル）

　もう一度，「はじめに」に目をやってください。冒頭に引いた新聞記事の次のような指摘は，特に理科の指導にとって深刻な問題です。

　教科書の内容について「例えば，理科では，実験の順番も，やり方も，結果も，どうしてそうなったかも書き込んである。『まるで参考書』という人もいるほどだ。経験の少ない若い先生でもこなせるようマニュアル化した」といい，「こなしきれなければ詰め込みに走るのは避けられない。実験しなくとも読めば分かる教科書なのだから，なおさらだ」という鋭い指摘です。

　この指摘は，「見通しをもって観察，実験などを行うこと」を目標の1つとする理科教育にとって，無視しがたいものです。小学校学習指導要領解説『理科編』は次のように言います。

　「理科の観察，実験などの活動は，児童が自ら目的，問題意識をもって意図的に自然の事物・現象に働きかけていく活動である。そこでは，児童は自らの予想や仮説に基づいて，観察，実験などの計画や方法を工夫して考えることになる。観察，実験などの計画や方法は，予想や仮説を自然の事物・現象で検討するための手続き・手段であり，理科における重要な検討の形式として考えることができる。ここで，観察は，実際の時間，空間の中で具体的な自然の存在や変化をとらえることである。視点を明確にもち，周辺の状況にも意識を払いつつ，その様相を自らの諸感覚を通してとらえようとする活動である。」（同書，8ページ）長い引用ですが，優れて要点をついた記述です。

(1) 指導時間

　教師用指導書の単元配当表によれば，この単元の配当時間数は13時間です。それに，2時間加えることを考えたいのです。

Ⅳ　単元に「軽重」をつけて，「重点化」を図る

　この2時間をどこから持ってくるか，現実的には，大きな問題です。いわる予備時間から持ってくるとすると，多くの単元でこうしたことはできなくなります。2時間を他の単元から持ってくるとすると，2時間減った単元の指導法を工夫しなければならないし，何より，そうした理由が問われます。

　特に，理科や社会の授業では，地域社会に出て，観察したり，聞き取ったり，調べたりする活動が必要な単元があります。このような場合，長い時間が必要で，授業を連続して行うことになります。

(2) **指導方法（時間配分）**

　13時間の内訳は，1．土地をつくっているもの（5時間），2．地層のでき方（水のはたらき）（3時間），3．地層のでき方（火山のはたらき）（2時間），4．火山活動と地震による土地の変化（3時間）です。

　それに2時間加えて，15時間とし，途中で4時間とって，土地や地層の様子などの観察に出かける指導計画を立てたいのです。学校から行けるところに観察できるところが存在するという前提です。観察できるところにある対象にもよりますが，1，2，3の学習活動が終わったあたりで，観察に出かけることになるのでしょうか。理科（地学）を専門としてきた教師，あるいは，地域の専門家の協力が得られればさらによい観察が期待できるでしょう。

　「観察は，実際の時間，空間の中で具体的な自然の存在や変化を捉える」活動です。地域に適切な観察の場があれば，幸いです。また，専門家のいる博物館や科学館へ，あるいは，郷土資料館へ出かけることも考えたいのです。『土地のつくりと変化』という単元は，地域にもよりますが，山がちな日本では多くの地域で，子どもたちが直接実物にふれて，**観察できる題材に恵まれたテーマです。**

参考文献：加藤幸次監修　関西個性化教育研究会編著『学力向上をめざす個に応じた理科・社会の指導（小学校）』黎明書房，2004。

7　1時間増やし，3時間連続の授業を組んで「話し合い活動」を重点的に行う

──事例：社会・6年『新しい国づくりは，どう進められたの─日清・日露の戦争』（第1・第3モデル）

　社会の指導は問題解決学習です。今回の学習指導要領の改訂は「問題解決学習のより一層の充実」をうたっています。改善の具体的事項として次のように言われています。

　「生活科の学習を踏まえ，児童の発達の段階に応じて，地域社会や我が国の国土，歴史などに対する理解と愛情を深め，社会的な見方や考え方を養い，身に付けた知識，概念や技能などを活用し，よりよい社会の形成に参画する資質や能力の基礎を培うことを重視して改善を図る。その際，作業的，体験的な学習や問題解決的な学習を一層充実させることにより，学習や生活の基盤となる知識・技能を習得させるとともに，それらを活用して観察・調査したり，各種の資料から必要な情報を集めて読み取ったりしたことを的確に記録し，比較・関連付け・総合しながら再構成する学習や考えたことを自分の言葉でまとめ伝え合うことによりお互いの考えを深めていく学習の充実を図る。」（小学校学習指導要領解説『社会科編』，4ページ）

　ここには，社会，特に歴史は「暗記もの」という考え方はまったくありません。作業的，体験的な学習や問題解決的な学習を通して，学習や生活の基盤となる知識・技能を習得させることと，それらを活用して，比較・関連付け・総合しながら再構成する学習や「考えたことを自分の言葉でまとめ伝え合うことによりお互いの考えを深めていく学習」というのです。最後の文句は話し合い活動を意味していることは自明です。

(1) **指導時間**

　この事例は社会6年の『新しい国づくりは，どう進められたの─日清・日露の戦争』（12時間の内の2〜3時間）です。言うまでもなく，明治

維新を経て，日本が大国に変貌していく過程をとらえた大単元の中にあって，象徴的な意味を持つ日清・日露の戦争に焦点を当てた小単元です。小単元ですが，この単元で集中的に話し合い活動を通して，大単元のまとめとしたいのです。

(2) **指導方法**

日清・日露の戦争についての学習は，ややもすれば，戦争の経過と結果についての事実の学習になりがちですが，「新しい国づくりは，どう進められたのか」という歴史的な流れの中で，なぜ，日清・日露の戦争が起こり，どんな結果になったか，そして明治時代の日本社会にとっての意味や意義はどうなのかについて，「話し合い活動」を通して学んで行くべきでしょう。

そのために，**小グループに分かれて，課題を分担し，仮説あるいは見通しを立て，各種の資料から必要な情報を集めて読み取り，話し合って，結論を導き出す**ことになります。問題解決的な学習とは，まさに，こうした学習方法を意味するのです。そうした学習活動の結果，当然，一定の知識が獲得されることは言うまでもありません。

(3) **学習環境**

社会，特に歴史が「暗記もの」になるのにははっきりした理由があります。理由の1つは，子どもたちが「各種の資料から必要な情報を集めて読み取る」ことができるだけの学習環境が準備されていないことです。

具体的には，日清・日露の戦争にかかわる単行本や参考書，テープやビデオなどの物的学習環境が用意されていて，さらに，ボランティアや専門家からの支援が得られるように手配されていなければ，子どもたちは必要な情報を得ることはできません。したがって，話し合い活動も成立せず，結局のところ，教師からの説明を聞くという受け身な学習になってしまうのです。

学校内に，「社会科教室」のようなスペースをとって，子どもたちが自ら挑戦していける多様で豊かな学習環境を設定したいものです。

8　2時間多く時間を取って、2時間連続の授業を組んで「話し合い活動」を重点的に行う
——事例：国語・5年『のどがかわいた』（第1・第3モデル）

　よく知られているように，今回の学習指導要領の改訂で特に強調されたことは「言語活動」の充実ということです。外国語活動の導入にあたって，「コミュニケーション能力の素地」を養うことが目標になり，新しい教科書はどの教科でも「言語活動」を強調しています。

　特に，国語はその中心的な役割を担う教科として位置づけられ，すでに，「話すこと・聞くこと」の領域があり，したがって，どの学年でもこの領域にかかわる単元が用意されています。

　社会や理科は従来から話し合い活動を強調していますが，算数では，すべての学年で教科書の最初のページは「話し合いの仕方」に関する内容です。

　どの教科書にも，子どもたちが小グループに分かれて，話し合いをしている挿絵が盛んに出てきます。しかし，具体的な話し合い活動の姿は挿絵からはわかりません。

　問題はそうした子どもたちによる話し合い活動が効果的，生産的に行われているかどうかという点です。観察していると，ただ集まって，「だべっている」だけのグループもあります。「いたずらやふざけ」で終わってしまうグループもあります。もちろん，しっかりしたリーダーがいて，生産的な話し合い活動がなされているグループもあります。

　実は，話し合い活動を成立させることは容易ではないのです。教師は話し合い活動が始まると，グループの間を回り歩き，1つのグループに対して十分な指導ができない状況に陥りますから，なおのことです。

(1)　時間配分

　この単元の配当時数は3時間と短く，これでは，この単元の話し合い活動のねらいは，教科書が示している話し合われるべき項目と順序に従

Ⅳ 単元に「軽重」をつけて,「重点化」を図る

って本文の内容を理解することに限定されます。そこで,2時間加えて5時間とし,最初の2時間は物語の読み取り,次に,2時間連続した話し合い活動,最後の1時間はグループ発表とまとめとしてみてはどうか。

(2) 指導方法

国語のこの単元では,話し合われるべき項目と順序が示されています。まず,登場する中心人物であるイタマルと,彼の友だちのミッキーの人物像について話し合うことが指示されています。

次に,2人の関係が深まる状況を本文から抜き出すことが求められ,なぜ関係が深まったのか,話し合うことになっています。そして,感想を書くのです。書かれた感想をもとに,同じところや違うところを確かめ,さらに考えを深めるという話し合い活動がこの単元の学習活動です。

たしかに,感想を書くときに,「自分と友達とのかかわりを思い起こしながら,具体的に述べる」という指示はありますが,話し合い活動のねらいは本文に沿って本文の内容を読み取ることです。

この教材を読んだとき,2人の人間関係の深まりを追うだけで十分でしょうか。何より,子どもたちに何について話したいか,問うべきではないか。すなわち,子どもたちが話し合うトピックを決めるべきでしょう。

たとえば,寄宿学校のこと,水に対するイメージのこと,ガラリヤ湖のこと,自分の友達のことなどのトピックが出てくると考えられるし,なぜ,イタマルは水にそこまでこだわるのか,また,作者はこの作品で何を言いたいのか,そもそも,おもしろい話かどうかなど,より深いトピックが出てくると考えられます。

このように考えると,教師は教科書の示す教材は受け入れたとしても,**話し合い活動については,教科書が示す話し合われるべき項目と順序について,吟味し,自分の学級の子どもたちの実態に応じて,再構成すべきです。**

9　1時間を加え，最後に2時間連続の授業を組んで「エッセイ・スピーチ活動」に重点を置く

――事例：国語・2年『楽しかったよ，2年生』(第1・第5・第6モデル)

　ある学校の3年生に「みんなの前で話すこと」が好きかどうか尋ねた結果は，好きが13％，嫌いが18％，どちらでもないが64％，無答は5％でした。「嫌い」の理由をたずねたところ，「はずかしい，ドキドキする，緊張する，漢字が読めない」などでした。たぶん，こんなところが一般的といったところでしょう。やはり，子どもたちにとって，人前で話す練習をしておくことは大切なことです。(青森県藤崎町立藤崎中央小学校『研究集録』平成14年度)

(1)　時間配分

　この単元の配当時数は12時間です。1時間を加えて，13時間の中で学習活動を展開することとし，最後に，保護者を招いて，全員の子どもたちのスピーチの発表を聞いていただく授業を計画してみたいのです。

　まず，スピーチのテーマ設定に4時間を当て，プロットをしっかり立てさせます。材料集めやインタビューなど取材に2時間を当て，スピーチのための原稿を書くのに4時間を当て，発表会の準備に1時間，そして，最後に2時間連続の発表会を開くことにします。

(2)　指導方法

　最初のスピーチのテーマ設定ですが，教科書では，学校で行われた行事や学習にかかわるテーマが取り上げられていますが，家庭での生活の中で経験したことも含みたいと考えます。夏休みや冬休みに経験したことも含み「自由課題」とします。

　テーマは，教科書にあるように，楽しかったこと，一番がんばったこと，学校で学んだことでいいのですが，悲しかったこと，いやだったことでもよいと考えます。

したがって，グループで話し合うことはあっても，情報を交換するとか，お互いにサゼッションを得るとかはするとしても，「個人プロジェクト」であり，一人ひとりでスピーチのための原稿を書くことになります。

　プロットをしっかり立てるために，材料集めやインタビューなどをして，「はじめ」「中」「おわり」を意識して書くように，一人ひとり個人的に指導していきます。何回も見て，支援します。

　もちろん，人の前で話をすることははずかしいし，ドキドキするものですし，緊張するものです。しかし，スピーチの内容に自信が持てることが重要です。自分なりに書けていると感じている子どもはしっかり発表するものです。発表に自信が持てない子どもには，原稿を持たせ，読ませてもいいと考えます。大きな声を出せるように，家でも何回も練習するように指導します。

　スピーチに先立って，小グループの中で練習し，お互いにサゼッションし合うとよいと考えます。発表会に，皆で決めたクラスの歌を，はじめや最後だけでなく，発表者を励ますために，中間に挟むことも，必要ではないかと思います。また，ただ立ってスピーチするだけでなく，絵や写真などを見せながら，スピーチさせることも考えられます。

　なお，国語ですから，たとえば，「わたしは……です。」とか，「なぜなら，……だからです。」とか，きちっとした言葉と文章でスピーチのための原稿を書かせます。原稿を読む形でスピーチする子どもは，その通りに読めばよいのですが，自分の言葉でスピーチする子には，きちっとした言葉と文章でのスピーチを期待しないでおきたいものです。

　国語は「言語活動」を行う中心教科ですし，他の教科でも言語活動を行うことが義務づけられています。新しく導入された外国語活動では，コミュニケーション能力の育成が強調されています。

　よく言われるように，「ものの言える」日本人を育てたいものです。

参考文献：加藤幸次監修　九州個性化教育研究会編著『学力向上をめざす個に応じた国語・算数の指導（小学校）』黎明書房，2003。

10 3時間加えて「習熟度」から見て指導を充実する

――事例1：算数・4年『小数』，事例2：『分数』（第2・第3モデル）

　単元に「軽重」をつけて，「重点化」する第二の段階は，単元間に軽重をつけることです。3つの理由から単元間に軽重をつけことになると考えられます。

　1つは，学校や学級の子どもたちの「学習状況」を考慮して，単元間に軽重をつけることです。今では，全国テストや地域テストが盛んに行われ，その結果が学校に伝えられているはずです。順位ばかりに関心が行っているのは残念なことで，本来，テストの結果は指導に返されるべきです。「評価と指導の一体化」があるべき姿です。また，教師は日ごろテストを行っていて，子どもたちの「学習状況」を掌握しているはずで，その結果を指導に反映すべきです。「基礎・基本の定着」と「範例としての習得」は次の11，12，13の項を読んでください。

　学年の初めに，各教科について，「学習状況」を単元配当表に反映させ年間指導計画を作成すべきです。

　事例ですが，たとえば，3年のとき「小数と分数」について指導したのですが，複数のテスト結果から見て，子どもたちの理解や技能の習得に問題があり，4年での「小数と分数」の単元では，十分時間をとって，しっかり指導しておきたい，と計画したとします。

(1) 指導時間

　4年の単元『小数』は7月に指導する単元とされていて，12時間が配当されています。ここに3時間加えて，15時間とします。ちなみに，前の教科書の時代には15時間配当されていました。また，同じように，単元『分数』は12月に指導する単元とされていて，11時間が配当されています。ここに3時間加えて，14時間とします。以前の配当時間は9時間でした。共に，長い休みの直前に位置づけられていることは気になりま

す。指導の時期を改めて考え直すべきかもしれません。
　４年の算数での「予備時間」は13時間です。この２つの単元に加える６時間をこの予備時間から取ってくることが考えられます。もし３年時のときのテストの結果で，指導時間が短縮できる単元があれば，その時間との相殺も可能です。

(2) 指導方法（時間配分）

　２つのモデルを適応することが考えられます。１つは「**完全習得学習**」**モデル**です。すなわち，まず，それぞれの単元に課せられている目標を反映している指導内容について，たとえば，単元『小数』では10時間，単元『分数』では９時間，指導します。

　多くの場合，この指導形態は一斉学習です。この指導の後，残されたそれぞれ５時間，４時間は個別指導にするというあり方です。重要なことは，個別指導では一人ひとりの子どもに合った学習材・学習具を用意し，学習を個別に支援することです。ティーム・ティーチング体制ができていると，さらに効果的です。

　他の１つは「**習熟度別学習**」**モデル**です。３年の指導内容によるプリテストを行い，その結果を配慮して，３人の教師のティーム・ティーチングなら上位，中位，下位コースを設け，さらに，子どもたちにコースを選択させ指導します。子どもが２人なら，あるいは，１人でも，上位，下位コースを設け，子どもたちにコースを選択させ指導します。

　ここでも重要なことは，それぞれのコースに合った学習材・学習具を用意し，かつ，コースに合った指導方法を行うことです。特に，下位コースの人数を可能な限り少なくし，学習を個別化し，支援することです。

　当然のことですが，コース間に差別意識が生じないように最大の注意を払うべきです。もちろん，今では，いろいろな手立てがなされていますが，子どもたちにコースを自ら選択させるというあり方が一般的です。

参考文献：加藤幸次『少人数指導・習熟度別指導』ヴィヴル，2005。

11 2時間増やして「基礎的・基本的技能」を重視して指導を充実する
―― 事例：理科・5年『電磁石の性質』（第3・第4モデル）

　何度も繰り返しますが，学習指導要領は総則の第1に「各学校において，児童に生きる力をはぐくむことを目指し，創意工夫を生かした特色ある教育活動を展開する中で，基礎的・基本的な知識及び技能を確実に習得させ，これらを活用して課題を解決するために必要な思考力，判断力，表現力その他の能力をはぐくむとともに，主体的に学習に取り組む態度を養い，個性を生かす教育の充実に努めなければならない」とうたい上げています。

　しかし，小学校という発達段階では，まずは，基本的な知識や技能の習得が大切であると考えられ，また，評価手段が45分間のペーパーテストということもあって，勢い，「基礎的・基本的な知識及び技能」の確実な習得に力点が置かれがちです。典型的には，漢字テストや計算テストです。

　全国悉皆テストの結果を見ても，思考力，判断力，表現力を測定していると考えられるいわゆるBテストの成績は常に低いものです。まして，「主体的に学習に取り組む態度の育成」「個性を生かす教育」への関心は，とても低いものとなってしまいました。

(1) 指導時間（時間配分）

　この単元の配当時数は7時間です。時間配分は，1．電磁石を強くする方法，2．電流の大きさと電磁石の強さ，3．コイルの巻き数と電磁石の強さ，4．電磁石の強さ，以上の活動にそれぞれ1時間，5．「おもちゃを作ろう」に2時間，6．「ふりかえろう」に1時間です。

　この時間配分は，明らかに，効率的に電磁石の持つ性質のエッセンスを知ることができる「セット教材」の存在が前提になっているのです。

(2) 指導方法

Ⅳ 単元に「軽重」をつけて,「重点化」を図る

　電気は3,4,5,6年と連続して学習していく重要なテーマです。しかし,電気について調べる調べ方,すなわち,実験の仕方が常に教科書に詳しく示されていて,子どもたちが行う「実験」は,教科書に詳しく示されている手順に従って,「追試」するという受け身な行為になってしまっています。しかも,そうした追試ができるような「セット教材」が市販されていて,失敗することもなく,確実に「追試」できるのです。

　この単元で言えば,電磁石やクレーンゲームを作ることができる教材があり,電流を計測する電流計があり,もちろん,方位磁針も用意されているのです。これらの実験道具をどのように使い,実験するのか,教科書に詳しく示されているのです。まさに,理科における実験は子どもにとって「やらされている」状況です。

　「はじめに」で引用した新聞記事が指摘している通りで,教科書にしたがってやっていけば,考えなくてもできる実験になっていないでしょうか。たしかに,電磁石の持つ性質のエッセンスを効率的に知ることができます。教材とは,このように効率的に,もののエッセンスを理解することのできる用具というわけです。

　単元の目的からして,共通課題でいいでしょう。実験もグループ実験でいいでしょう。しかし,どうしてそうなるだろうという疑問を基点にすべきです。すなわち,**理科における「基礎的・基本的技能」を育てるプロセスは問題解決行為の中にあるはずです。子どもたちの中に電磁石についての疑問を作り出すプロセスが不可欠です。**

　たとえば,生活の中にあって,不用になった電磁石を使った小道具か,小さなモーターを分解してみるところから始めることが考えられそうです。そのプロセスで,いろんな疑問が出てきそうです。

　続いて,教科書に示されているような釘に電線を巻いて,電磁石を作ってもいいかと考えますが,釘や電線に条件を付けず,子どもが選択したものにしたいものです。こうした分解や実験をするために,7時間では足りず,2時間は加えたいのです。

12　3時間増やして「基礎的・基本的技能」を重視して指導を充実する
──事例：国語・4年『読書生活について考えよう』（第3・第4モデル）

　従来，国語は鑑賞文（物語）や説明文を「読み解く」ことが主たる目標でした。指導方法は，題材の文をいくつかの段落に分け，読み解く，いわゆる「段落読み」をすることが主力でした。今でも，文章を読むときはそうした指導になっているはずです。非日常的な精読主義です。しかも，国語で取り上げる文章は道徳的で，価値的です。間違いなく，まるで，道徳教育のようです。

　私は1970年から2年間，アメリカの小学校で教えていましたが，アメリカは多読主義です。ともかく，子どもたちは主題にかかわった多様な小冊子や本を沢山読みます。図書館の司書がいろいろなアドバイスをしてくれますし，なにより沢山の本があります。

　第1部Ⅱ章でふれたように，「ふろく，付録」に各学年35冊の推薦図書があり，その上，いくつかの単元の「本は友達」には，4，5冊の推薦図書があり，明らかに，多読主義に移行しています。しかし，子どもたちが多読する時間や環境があるのでしょうか。とても心配です。

　「読むこと」が主であった国語に，「書くこと」や「話すこと・聞くこと」が加わりました。この単元は「書くこと」の領域にあります。

　もちろん，「書くこと」は作文として従来から存在する学習活動です。その作文という活動は「感想文を書く」というものでした。今日もそうですが，文章を読んで感じ想ったことを文として書く。演劇を鑑賞して，催し物に参加して，感想文を書く。秋の読書感想文はその典型です。子どもたちにとって，「書くこと」とは感想文を書くことなのです。いまだに，そうです。

　しかし，社会に出てから「書くこと」というのは，ある課題に対して，

いろいろな情報を収集して，分析・検討して，自分の主張を入れて「報告書」を書くということです。この単元は，まさに，こうした新しい書き方をめざしている単元です。

(1) 指導時間

この単元の配当時数は12時間です。これに3時間加えて，15時間とし，子どもたちが十分取材し，検討し，自分なりの報告書が書けるようにします。同時に，教師が子どもたちの取材を支援し，書いてきたトラフトを書き直させ，推敲させる時間を取りたいのです。

今後の世界に必要な「書く力」は，企画書が書ける力であり，自分の意見がしっかり書ける力です。この3時間を予備時間から持ってくるのは容易ですが，次にくる「書くこと」単元である『新聞を作ろう』や『仕事「リーフレット」を作ろう』と組み合わせることで，時間を確保することも考えたいものです。

(2) 指導方法

題材である「読書生活調べ」は，子どもたちにとって，参考例に過ぎないはずです。しがって，本文を読んで，次に，小グループに分かれて，話し合い，自分たちが調べてみたいテーマを決めることになります。このとき，教科書にあるサゼッションにしたがって，調べる目的，方法，結果，そして，結果を元に報告書を書くことになります。グループによっては，新聞の形式をとるかもしれないでしょう。

調べるテーマが決まった段階で，どのグループがどんなテーマについてどのような調べ方をするのか，発表し合い，サゼッションがあれば，お互いに出し合い，情報を共有しておくとよいと考えられます。

最後に，発表会を持つことは当然ですが，「ほめ殺し」の発表会にならないよう気をつけたいのです。相手の立場に立って，生産的な批評ができるようにしたいものです。

13　2時間増やして「範例」としての学習経験を充実する

——事例：社会・5年『わたしたちのくらしをささえる食糧生産』
（第1モデル）

　1960年代から70年代にかけての「教育内容の現代化」運動の中で，Ｊ.ブルーナーらが「基本的構造を持った指導内容はどの年齢の子どもにも教えられる」と主張して以来，今日でも「指導内容の精選」は大きな問題です。他方，当時の西ドイツ教授学の影響を受けて，範例方式による授業とか，範例学習と言われる指導のあり方が広まりました。

　たとえ，教科主義の立場に立っても，指導内容が精選された単元を十分時間を取って指導し，同じ質を持つ他の単元の学習に役立てたい，と考えるのは自然なことです。実際，年間授業時数はきわめて限られたものです。基本的な構造をしっかり指導して「転移する力」を育てたい，と考えるのは道理です。そのために，代表的なこの単元に授業時間を加えて重点的に指導しようというのです。今日的な言い方をすると，「選択と集中」方式です。（次項も参照）

　事例としての社会の単元『わたしたちのくらしをささえる食糧生産』での題材は「お米づくり」ですが，野菜や果物づくりを取り上げても，また，水産業や林業を取り上げても，指導内容の基本的な構造は同じと考えられます。より大きく見れば，次の単元になるのですが，『わたしたちのくらしをささえる工業生産』で自動車産業が取り上げられていますが，同じ基本的な構造を持っていると考え，「お米づくり」で学んだ力を活用したいのです。

　すなわち，今日の日本での生産活動は，(1)国際的な枠組みの中にあり，貿易を通して他の国々との競争の中にあること，(2)それにもかかわらず，ますます，原料や生産品等の輸出入を通じて，他の国々との相互依存関係を深めていること，(3)良い品質の生産品を作るように努力しているこ

Ⅳ　単元に「軽重」をつけて，「重点化」を図る

と，(4)環境に配慮した生産に努めていること，といった基本的な構造を持っているのです。指導内容の構成だけでなく，**実際に指導する際にも，こうした観点を強調し，さらに，他の産業や他のものづくりについても同じことが言えるということを強調したいのです。**

(1) **指導時間（時間配分）**

　この単元には28時間が配当されていて，その内訳は小単元「お米作り」12時間，小単元「水産業」9時間，小単元「ふだん食べている食料はどこからくるの」7時間，最後の発展的な学習活動「ひろげようふかめよう：ブランド農産品」に時間は配当されていません。

　この12時間に2時間を加えて14時間とし，「範例」としての意味と意義を加えた授業展開をめざします。加えた2時間を小単元「水産業」と「ふだん食べている食料はどこからくるの」から持ってきます。すなわち，これらの小単元の指導時間はそれぞれ1時間短縮されます。

(2) **指導方法**

　「範例」として学習するのですから，原則，教師が学級全員を指導する方式でいいでしょう。

　まず，問題（課題）作りを学級全員で行います。国内産のお米だけでなく外国からのお米も販売しているスーパーかお米屋さんに取材に行くか，自分の家でのお米（ご飯）について調べることから始めることになると考えられます。

　次に，お米の種類，産地や値段調べ，お米の生産過程，流通過程調べ，外国産のお米調べなどの学習問題をつくり，小グループで問題を分担し，それぞれの問題について調べて行きます。この活動はグループ学習でいいでしょう。

　最後に，これらの調べ学習をまとめますが，再び，教師が中心になって，学級全員で行います。

　範例学習であることを意識して，学習活動全体を通して，上に述べた4つの観点に焦点を当て指導して行くことは言うまでもありません。

14　3時間増やして「範例」としての学習経験を充実する

――事例：社会・6年『武士による政治は，どのように進められたの』（第1モデル）

●●●●●●●●●●●●●●●●●●●●●●●●●●●●●●●

　改めて言うまでもないことですが，社会の歴史的分野では政治，社会，文化などの変化を学びます。大昔のくらしから始まって，大和朝廷の成立，貴族社会を経て，武家政治の始まりと通史的に学んでいきます。その中心的テーマは「変化」です。もちろん，変化はあらゆる面で絶えず起きており，とどまることはありません。

　社会，とりわけ歴史的分野が「暗記物」になってしまっていることは大いに反省しなければなりません。何年に何が起きたのか，年代と事件を暗記することが「変化」を理解することと同じ意味になってしまっているのです。

　誰が鎌倉幕府を作ったのか，それは何年にどこにできたのか，どんな組織だったのか，いつ滅びたのかといった政治上の変化について，年号と人と事件を暗記していることが変化を知っていることになってしまっているのです。もちろん，はじめに，源平合戦や，頼朝と義経の確執や，元寇について挿話が入りますので，これらについても年号を暗記していきます。はたしてこうしたあり方が歴史教育のねらいなのでしょうか。「物知り」を作っているにすぎないのです。

　範例学習はこうしたあり方に挑戦しているあり方です。すなわち，変化をもたらす基本的な構造をとらえ，歴史上に起こった他の変化の理解にも役立つ仕方で指導しようとしているあり方です。言い換えると，歴史の変化をもたらす基本的な構造をとらえることによって，「転移する力」を育てようというのです。

　政治体制の変化をもたらす基本的な構造は，(1)新しい支配層の台頭が見られること，(2)彼らを支える生産技術の向上があること，(3)それに伴

IV 単元に「軽重」をつけて,「重点化」を図る

う経済構造の進展があること,(4)新しい支配構造が構築されることです。

これらの観点を関連づけて指導することによって転移する力を育てたいのです。この単元を重点化して指導することによって,江戸幕府の成立,明治政府の成立についても理解できる力をつけたいのです。

(1) 指導時間（時間配分）

この単元『武士による政治は,どのように進められたの』に配当されている時数は9時間です。そこには,室町時代の政治と文化の学習が加わっています。したがって,3時間を加えて,12時間とし,3時間を室町時代の政治と文化の学習にあてるとして,残った9時間で「鎌倉幕府の成立」に集中して取り組みたいのです。

(2) 指導方法

当然のことですが,教科書をページ順に教えるという指導は範例学習にはふさわしくありません。教師が上に述べた4つの観点から教科書の内容を再構成しなければなりません。

教科書の44から47ページには,台頭する武士階級の姿が記述してあります。この部分が導入になるのですが,子どもたちに貴族と武士の違いをしっかり理解させる必要があります。武士は江戸時代まで続く階級ですので,子どもたちはわかりますが,貴族はそうではないのです。

次に,49ページは数行にすぎないのですが,室町時代に入りますが,54から55ページにかけて生産技術の向上と経済状況の記述があります。当時の統治機構については,「ご恩と奉公」という項目を取って書かれています。

前項でも述べたごとく,範例学習として,他の単元にも使うことのできる「転移する力」を育てたいのですから,教師主導の授業展開でよいのですが,何より,この単元のめざす4つの観点,すなわち,**時代の変化を見る見方,考え方について子どもたちに繰り返し注意を払うように指導すべきです**。ここでは,日本の歴史の全体を視野に入れての指導が大切になります。

V
単元の「順序」を入れ替え, 「セット化」する（学年レベル）

　テコの原理で言うところの「支点」で，分厚くなった教科書を持ち上げ，活用し，「効果的な指導」を行おうとするときの**第2の支点は単元の「順序」を入れ替え，「セット化」すること**です。第1の支点，単元の「軽重」に即して言えば，**第2の支点では「指導時期をカスタマイズ（自分たち仕立てに）する」**ことです。もちろん，ここでも，それに伴って，「指導時間（時間配分）」や「指導方法」についても新たに検討を加えます。

　学習指導要領の解説書は，次のように言います。「これらの指導事項は，第1章総則……第2の3に示しているように，各教科の学年別の内容に掲げる事項の順序は，『特に示す場合を除き，指導の順序を示すものではないので，学校においては，その取扱いについて適切な工夫を加えるものとする。』としている。」（小学校学習指導要領解説『総則編』，49ページ）

　「また，各教科，道徳，外国語活動及び特別活動の各学年の内容として示している指導事項は，特に示す場合を除き，指導の順序を示しているものではないので，学校においては，創意工夫に加え，地域や学校の実態及び児童の発達の段階や特性を考慮し，系統的，発展的な指導が進められるよう指導内容を具体的に組織，配列することが必要である。」（同書，47ページ）

　具体的に，単元の順序を入れ替え，セット化する目的は，(1)小単位の学習活動をまとめて「文脈」の中に置くこと，(2)子どもたちの習熟度や指導内容の同質性を考慮して，複数の単元を「連続」させること，(3)指導内容を「比較・対比」できる位置に置くことによって，効果的な指導をめざすことです。

算数（3年）単元配当表

	3				2			1		12		
	3年のまとめ	活用	17 そろばん	16 □を使った式	図を使って考えよう	15 かけ算の筆算(2)	暗算で計算しよう②	14 分数	わり算のしかたをさらに考えよう	13 三角形と角	単位について調べよう	12 重さ（Ⅳ−5）	わり算の式について考えよう	たし算とひき算のきまりを考えよう
指導時数の合計 160	4	1	3	4	1	7	1	10	1	10	1	8	1	2

＊年間指導時数——160時間，予備時間——15時間（標準時数175時間）
＊太字は本書で事例として取り上げている単元を示しています。ローマ数字と算用数字の組

　教科書の教師用指導書にしたがって，教科書の単元を順番に教えて行くというあり方には，学校や教師の自主性，主体性がありません。また，明らかに「詰め込み教育」につながります。ですから，次に，自分たちの地域，学校，子どもたちの実態を考慮して単元の「指導時期」を入れ替えて，自分たちに合った「単元配列」にすべきであると言いたいのです。それに伴って，指導方法も工夫します。同時に，配当時間の適正化も図ります。

　単元の「指導時期」を入れ替えようとするとき，2つの方法が考えられます。1つは，教師用指導書の示す単元をそのまま受け入れ，その順番だけ入れ替える方法です。もう1つは，教師用指導書の示す単元を検討し，分解して，その順番を入れ替える方法です。

　もちろん，後者の方法は多大な時間とエネルギーを要します。

　ここでも，まず，学年の初めに，教科書の教師用指導書の示す年間の単元配当表を大きく書き，貼り出して，検討します。

　ここでは，何より，子どもたちの関心や意欲の流れ，すなわち，学習活動の流れを重視します。教師たちが子どもたちに期待される学習活動の流れを意識的にとらえ，単元の順序を入れ替え，新たに「より大きな単元」を構成することになります。単に，単元の指導の順序を入れ替えるだけではなく，

Ⅴ　単元の「順序」を入れ替え,「セット化」する（学年レベル）

――日本文教出版，平成22年版

【3年】

月	4		5		6	7		9		10			11	
単元	1 かけ算	2 円と球（Ⅳ-2）	3 たし算とひき算	暗算で計算しよう①	4 わり算	5 ぼうグラフ（Ⅶ-33）	6 時間の計算と短い時間	7 大きい数	8 あまりのあるわり算	活用	9 長さ	10 かけ算の筆算(1)	どんな式になるか考えよう	11 小数
指導時数	9	9	12	1	9	11	7	8	6	1	7	11	2	13

み合わせは，前者が取り上げている章を，後者が項目番号を示しています。目次を参照してください。

　ここでも，新たにセット化したより大きな単元の指導に必要な「時間配分」や「指導方法」についても，検討します。

　次に，子どもたちの理解度や習熟度を考慮して，単元の指導内容の系統性を検討します。すなわち，子どもたちの学習の実態を考慮して，いくつかの単元を連続させたり，あるいは，単元の指導内容を切り離して，単元を再構成したりすることになります。算数の学力テストはよく行われます。もちろん，普段の授業でも，テストを行います。その結果，学級を構成する子どもたちの理解度や習熟度を把握することができます。

　学年の初めに「順序」の入れ替えを行うとき，このことを年間指導計画や単元指導計画に反映させます。もちろん，学期の途中での入れ替えも考えられますが，年度の初めに行う方が合理的です。

　さらに，ボランティアの方々の協力も含んで地域素材を活用したり，地域学習を行ったりするときなど，地域の実態を考慮して単元の順序の入れ替えを行います。

　たとえば，社会で地域の文化について学習しようとするとき，理科で地域素材を活用して観察や実験をしようとするとき，地域性を考慮して，単元の「指導時期」を決めることになるでしょう。

15 最後に２，３時間連続の授業を組んで，小々単元「観察活動」をまとめて「文脈」の中で行う

――事例：理科・４年『季節と生き物：春，夏，夏の終わり，秋，冬，春のおとずれ』（第１・第３・第４モデル）

　学校にはある時期に集中的に行う学習活動がある一方，１学期あるいは１年を通して，時々行う短い学習活動があります。前者は七夕祭りや運動会のような学校行事です。それに対して，後者は時間の経過の中で「変化」を観察し，記録し，「循環」について学ぶ学習活動です。この単元はその典型で，身近な動物と植物の１年の成長，変化について学習する一連の小々単元です。

　これらの小々単元に報告・発表活動を契機により強い関連性をつけることを考えたいのです。その時々での曖昧な報告・発表活動が持たれるのが一般的でしょう。しかし，年度初めの年間指導計画の立案時に，報告・発表活動をはっきりと位置づけておかなければ，曖昧な活動に終わってしまいかねない小々単元なのです。

(1) 指導時期

　この単元は身近な動物と植物が題材になっています。

　指導時期は単元配当表によると，春（４月），夏（７月），夏の終わり（９月），秋（10月），冬（１月），春のおとずれ（３月）の６つです。

　前者はザリガニ，テントウムシ，カマキリを見つけ，観察する活動が中心で，配当時間は春（１時間），夏（２時間），夏の終わり（１時間），秋（２時間），冬（１時間），春のおとずれ（０時間）です。計７時間です。

　後者はツルレイシ（ゴーヤ）とヘチマを育て，観察する活動が中心で，配当時間は春（４時間），夏（２時間），夏の終わり（１時間），秋（２時間），冬（２時間），春のおとずれ（０時間）です。計11時間です。

　動物と植物を題材にするとき，日本は南北に長く連なった国ですので，

V　単元の「順序」を入れ替え,「セット化」する（学年レベル）

当然，地域による違いを勘案しなくてはなりません。取り扱われる題材そのものも，また，取り扱う時期も違ってきます。

(2) 指導方法

したがって，地域によって，ツルレイシやヘチマに代わる植物が考えられますし，ザリガニ，テントウムシ，カマキリに代わる動物が考えられます。1年を通して，変化と循環を学び取ることができる題材が選ばれることになります。

「変化」を記録しておく手段として，ポートフォリオが考えられてきています。今日では，カードに絵を書くという方法だけでなく，写真やビデオで記録しておくことも考えられます。

また，教科書の植物の事例のように，学年あるいは学級園で育て，観察し，記録するのではなく，小グループであるいは個人で，地域や家庭で好きな植物を選んで育て，観察し，記録することも考えられます。

このような1年を通して，時々行う短い学習活動は，連続性をしっかり意識し，記録したポートフォリオを保存しておく必要があります。学習の流れに注意を払い，短い学習活動に連続性を与え続ける努力が不可欠です。

そのためには，**子どもたちに最初の春の単元の段階で「最後にどんな作品を残し，どんな活動をするのか」という「メタ認知」を育てておか****ねばなりません。**指導のポイントはここにあります。最初の段階で，教科書にある6回の短い単元の全体を見ておくことも1つの手段です。あるいは，昨年の4年生の代表的な活動記録を提示してみるのもよいかと考えられます。最初に子どもたちに見通しをもたせるように，「活動の全体の姿」を与えておきます。

理科だけではありませんが，特に理科には，1年を通して連続している，時々行う単元があります。3年の『植物をそだてよう』（1から4），5年の『生命のつながり』（1から5），『天気と情報』（1，2）がそうですが，同じような指導方法が適用できると考えられます。

16　1時間加えて，小々単元「言葉・漢字学習」をまとめて「文脈」の中で行う

――事例1：国語・6年　4つの『季節の言葉』，事例2：国語・6年『漢字の形と音・意味』『熟語の成り立ち』と『漢字を正しく使えるように』（第3・第5モデル）

　国語には，1時間とか，2時間の小々単元が多くあります。目立つのは「漢字の広場」です。2年以上では，前年度の学んだ漢字が6回（2年5回）に分けられて，教えられるように組まれています。他の教科書でもこの構成になっていて，一般的と言っていいでしょう。

　確かに，漢字は一度学んでも，繰り返して使わないと，記憶できません。繰り返し学習することは重要です。しかし，文脈から切り離された，単純な記憶にたよる「繰り返し学習」は難しいものですし，生産的とは言えません。

　また，どの学年でも，最初にまず，詩があります。また，詩の単元もあちらこちらにあり，それは小単元です。漢字と違って，音読して七五調や繰り返しなどのリズムを楽しむことはできますが，はたしてそれでいいのでしょうか。

　さらに，今回導入された「言語文化」の領域での俳句，短歌，古典，漢詩などについてもそう言えます。また，「国語の特質」と言われる領域にも，小々単元があちらこちらに出てきます。もちろん，子どもたちの発達段階を考慮して，配置されていることでしょうが，はたしてそれでいいのでしょうか。やはり，**一定の「文脈」の中で学ばせたい**ものです。

　もちろん，国語の教育課程は「話すこと・聞くこと」，「読むこと」，「書くこと」という3つの領域が組み合わされてできていて，物語文，説明文などとの組み合わせからなっていると言っていいでしょう。これらの領域にある単元は1まとまりになった長いもので，子どもたちはある「文脈」の中で学ぶことができます。

V 単元の「順序」を入れ替え,「セット化」する(学年レベル)

それに対して,ここでとりあげているものは,1,2時間の小々単元です。**教師用指導書が示すように,1つずつ,ばらばらに指導していかなくとも,ある程度「まとまったかたち」で集中して指導する**ことも考えられるはずです。

(1) 指導時期

事例1ですが,4つの『季節の言葉』,すなわち,「春は,あたたか」(4月),「夏は,暑し」(7月),「秋は,人恋し」(11月),「冬は,春の隣」(1月)(6年,配当時間各1時間)の4回分をまとめて,どこかで指導することが考えられます。

これとは別に,これらの1時間単元は季節とかかわっている言葉,俳句,詩ですので,指導書通りに指示されている時期に1時間指導して,学年末に1時間取って,まとめて指導することが考えられます。

事例2ですが,『漢字の形と音・意味』『熟語の成り立ち』と『漢字を正しく使えるように』(各2時間)をまとめて,たとえば,12月に指導することも考えられます。これらの単元は,大きく言えば,漢字にかかわる小々単元で,同じへんやつくりの読み方と意味,2つ,3つ,4つの漢字でできた熟語,同じ読みでありながら字と意味が違う漢字の学習です。

(2) 指導方法

6年の単元ということで,事例1でも事例2でも,まとめて学習することができれば,子どもたちはグループに分かれて,それぞれ決めた課題について調べていく学習形態が考えられます。事例1で言えば,それぞれの季節での言葉,俳句,詩に分かれて,調べ活動をしていきます。

事例2には,上の3つの課題がありますので,それぞれの課題に類似した事例を加えていくことになるでしょう。会意文字や形声文字(全漢字の約90%を占める)について,また,2つ,3つ,4つの漢字からなる熟語や故事成語について調べる学習は漢字についての理解を深めます。もちろん,調べ活動が終わったところで,発表会を持つことになります。

17 レベルは異なるが，同じ質の指導内容の単元について，順序を入れ替えて，「連続して」指導する

――事例：算数・4年『小数』と『小数のかけ算とわり算』（第2モデル）

　子どもたちの「学力の差」は学年が進むにしたがって大きくなると言われます。当該学年を中心に前後合わせて3年ほどの幅に学力差が広がっていると言われたり，5年生なら5年と，当該学年の幅に相当するだけ広がっていると言われます。特に，指導内容の系統性がかなりはっきりしている算数では，子どもたちの「学力の差」が目立ちます。

　したがって，子どもたちの到達度，習熟度に対応しての指導が，学年が高くなればなるほど，必要になってくると言われます。問題点が指摘されつつも，習熟度別指導が今日課題になっていることもたしかです。習熟度別指導に代わって，少人数指導でもいいのですが，子ども一人ひとりの到達度，習熟度に対応した指導が求められているといえます。

　ここでは，同じ「数と計算」領域において，同じ系統上にある2つの単元を入れ替え，連続させ，到達度，習熟度に対応した指導を行うことを考えます。

　言うまでもないことですが，同じ領域にあって，同じ系統上にある2つ以上の単元はどの学年でもいくつもあります。たとえば，同じ4年の同じ「数と計算」領域にある『わり算(1)』と『わり算(2)』，5年の同じ「数と計算」領域にある『分数』と『分数のかけ算・わり算』です。

(1) 指導時期

　単元『小数』の配当時間は12時間で7月の単元で，他方，『小数のかけ算とわり算』の配当時間は11時間で1月から2月の単元です。7月はすぐ夏休みに入り，単元『小数のかけ算とわり算』を続けるわけには行きません。したがって，単元『小数』を1月のはじめに移動する方が効

V　単元の「順序」を入れ替え，「セット化」する（学年レベル）

果的でしょう。合計して，23時間です。ちなみに，前の教科書の単元から前者は3時間，後者は2時間，配当時間が減っている単元です。

(2) 指導方法（時間配分）

　3年の単元『小数』で，小数が1より小さな数字であることを学んでいます。しかし，このことの意味がまだしっかり理解できていない子どもがいるはずです。

　3年は小数第一位までとしていますが，4年では小数第二位，小数第三位と位が下がっていきます。それにしたがって，具体的にイメージできなくなる一方，1.2，1.23，1.234と形の上では数字の数が増えていきます。その上，10分の2，100分の23，1000分の234といった概念が組み合わされていて，子どもによっては理解しにくく，したがって，混乱を招いています。何より，一人ひとりの子どもが小数の意味をしっかり理解できるようにしなければなりません。

　ここには，「**完全習得学習**」モデルが使われるべきです。何より，最初に12時間のうちの8時間ほどを使って，3年の復習を含んで，小数の意味をしっかり教える必要があります。そして，何らかのテストを行って，理解できていない子どもたちを特定し，その子どもたちだけに個別指導を行い，理解の徹底をはからねばなりません。

　後半の単元『小数のかけ算とわり算』（11時間）は前半の単元『小数』の理解ができていれば，難しいものとは言えない単元です。子どもたちの到達度，習熟度にもよりますが，単に2つの単元を連続させて指導するだけではなく，全体を23時間の大単元として組み換え，そこに，「完全習得学習」モデルを適用することも考えたいものです。

　算数は，テストが時間テストということもあって，計算の速さを競う教科になってしまっています。計算は計算機に任せるべき性質の活動です。数学的な見方・考え方が大切にされるべきで，**社会が「暗記物」という性格を拭い去るべきであると同じように，算数も「計算の速さを競う」という性格を拭い去るべきです。**

18 題材は異なるが，同じ質の指導内容の単元について，順序を入れ替えて，「連続して」指導する
―――事例：国語・4年『一つの花』と『ごんぎつね』（第1・第3モデル）

　戦争が終わって，小学校の頃，よく学校は映画に連れて行ってくれました。忘れられない映画に『15少年漂流記』があります。よその国の子どもはあんな冒険をするんだな，とわくわくしたことを覚えています。『鐘の鳴る丘』も忘れがたい映画でした。おなかをすかせていたに違いない自分の境遇が，きっと，よく思えたに違いないのでしょう。
　物語が何らかの形の道徳観や価値観を含むことは批判されるべきことではないと考えますが，それにしても，国語で取り扱う物語が子どもたちにどきどきした気持ちやわくわくした気持ちに駆り立てるものではないのは，寂しい気もします。
　私は新美南吉の後輩になります。同じ高校（当時中学校）に通い，南吉の本はよく読んでいます。郷里に帰ると，よく新美南吉記念館に足を運びます。しかし，作品の内容はすべて寂しいというか，悲しい気持ちにさせられるものと言っていいでしょう。時代の変化の中で消え去っていくものが多いのですが，「ごんぎつね」はやや違っています。"良き"と思ってやったことが理解されずに，死を招くことになる悲しさを詠っています。ちなみに，新美南吉記念館は岩滑（やなべ）にあり，私の家から歩いて30分のところにあります。
　今西祐行は沢山の賞を得た現代児童文学の作家ですが，戦争時の体験を生かした「一つの花」は，やはり，はかなく，悲しい物語です。戦後の日本人の心を揺さぶる要素を秘めています。
　同じ学年にある物語の順序を入れ替えて，連続して指導し，物語，特に，日本の戦中，戦後の子どものための物語にふれさせてみたいもので

V　単元の「順序」を入れ替え,「セット化」する（学年レベル）

す。

(1) 指導時期

　『一つの花』は6月の8時間単元で,『ごんぎつね』は10月の14時間単元です。後者はごんが償いの意味をこめてクリを集めてきて兵十の家の入り口においてきますし,松虫の鳴き声も本文中にありますので,10月の方がいいかもしれません。したがって,『一つの花』の方を10月に移してくることになるのでしょうか。

　『一つの花』を6月に置いたのにも理由がありそうです。幼いゆみ子の「一つだけちょうだい」と言う言葉が,戦時中の生活を如実にものがたり,出征していったお父さんが摘んでくれたコスモスとの対比がしんみりとしていて,寂しさにも似た悲しみを誘います。したがって,8月の終戦の前がよいと言えなくもないのです。しかし,この物語は指導時期を選ばないと考えていいでしょう。ちなみに,コスモスは秋の花です。

(2) 指導方法

　学校での物語の指導法は,教師用指導書の毎時間の指導案を見ればわかるように,場面を区切っての「段落読み」と言われるものです。すなわち,場面を区切って,情景や事態の変化,それに伴う人間の気持ちや思いの起伏を読み取っていく読み方です。

　それは演劇の第一幕,第二幕,第三幕のように,また,クラシック音楽の第一楽章,第二楽章,第三楽章のように,鑑賞していく読み取り方でしょう。必ずしも常に,起承転結という形式におさまるわけではないのですが,中心部分に向かってしっかりと読み進めていく精読主義です。

　この非日常的な読み方を,2つの物語を連続して指導する中で,子どもたちにしっかり意識させたいものです。「物語を読む」の意味,意義について意識的に指導すべきです。

　それに対して,先にもふれたことですが,アメリカの学校では多読主義です。今回の教科書には付録部分に『本は友達』を設けて,34冊（4年）の本を読むように推奨しています。どう対処すべきでしょうか。

19 題材は異なるが，同じ質の指導内容の単元について，順序を入れ替えて，「連続して」指導する

——事例：算数・5年『体積』と『角柱と円柱』(第3・第4モデル)

「数と計算」領域と「図形」領域は異なった性質のものです。

前者は加減乗除の四則算をベースに小数，分数，文字式につながる代数学になり，後者は幾何学につながる系統性の上にある学習です。

子どもたちは日常生活の中で常に何らかの「形」に遭遇していて，後者は，身近な存在です。三角形，四角形，多角形，多面体，円，柱など，日常生活の中で知っています。

基本的には，3年は三角形，4年は四角形，5年は円などという構成になっていますが，考えさせられます。子どもたちは生まれたときからいろいろな形を目にし，たとえ，純粋な形でないとしても識別してきているのです。図形に関する系統性はもう少し柔軟性を持っていてもよいように考えます。

1年の『かたちあそび』と『かたちづくり』，2年の『三角形と四角形』と『長方形と正方形』も同じように順序を入れ替えて，連続して指導することが考えられます。

算数は学年を超えて，単元の順序を入れ替えることができない教科ですが，2学年幅の運用が許されれば，さらにいくつかの単元の順序の入れ替えが可能になるはずです。

(1) 指導時期

単元『体積』は単元配当表によれば，13時間の7月単元です。他方，単元『角柱と円柱』は学年最後の6時間の単元です。したがって，どちらかと一緒に指導するとなると，前者を2月に移すことが考えられます。あるいは，別に改めて指導時期を決めることになります。

この学年には，図形の領域に『図形の角と合同』『図形の面積』『正多

角形と円』がありますが、これらの単元との関係で指導時期を決めることになります。

(2) 指導方法

子どもたちの周りには角柱や円柱の形をしたものが沢山存在します。いろいろな四角な箱，コップ，お茶のかんなどがすぐ思い出されます。こうした**生活の中にある『角柱と円柱集め』から入る**のがよいかと思います。学校や学級にも，いろいろのものが見つかるでしょう。

次に，見つけてきた角柱や円柱の形をしたものごとに，小グループに分かれ，グループ・プロジェクトとして，どのようにして体積（中に入るかさ）を計算することができるのか，直接子どもたちに挑戦させたいものです。個人プロジェクトでもよいかと考えます。

間違いなく，子どもたちはそれぞれの長さや高さをはかると言うでしょう。物によってははかると，小数になるものがあり，小数の学習の復習にもなります。また，cm，mmという単位も付けさせます。

多分，『はこの形』（2年）や『直方体と立方体』（4年）で学んだことから，「底辺×高さ」に気づくはずです。角柱の底辺は三角形，正方形，長方形などで，面積を出し，cm^2，mm^2という単位も付けさせます。

円柱についても，円の面積の出し方から求めるでしょう。求めた面積を上に重ねていくというところに気づくかどうかはグループによるかと考えられます。最後のcm^3，mm^3という単位も付けさせることは言うまでもありません。

ここでは，『体積』を先に指導して，その後に『角柱と円柱』を指導するのではなく，子どもたちの生活の中から学習活動を組み立て，グループであるいは個人での自力解決をめざしています。

算数の指導はややもすると，抽象的になりがちで，そのうえ，計算のスピードを競う学習になりがちです。「算数的活動」の機会を多くして，子どもたちの理解を深めるべきです。

20 小単元「現代詩，俳句・短歌，漢詩」を連続し，「対比して」学習する

――事例：国語・6年『せんねん　まんねん』と『生きる・言葉の橋』『たのしみは―短歌を作ろう』と『「とんぼ」の俳句を比べる』『季節の言葉―春と秋』（第5・第6モデル）

　どの学年の国語の教科書も，物語，説明文，それに，詩が主な構成要素となっています。やはり，国語は「読むこと」が主たる活動で，「書くこと」についても，何かを読んで感想文を書くという場合が多いのです。それは「話すこと，聞くこと」についても，何かを読んで話し合う場合があるからです。

　しかし，詩は少し違います。詩を音読して，リズムを楽しむ。音読すると同時に，詩の内容を理解し，心動かされるといった学習活動です。たしかに，詩を鑑賞することは国語固有の学習活動でしょう。

　どの学年でも，教科書は現代詩から始まっています。そして，どの学年にも，必ず，現代詩の単元が2，3あります。

　次に，現代詩が不定型な自由詩であるのに対して，定型詩である俳句や短歌が多く取り上げられています。驚いているのですが，「伝統文化を尊重する」という今回の学習指導要領の趣旨からでしょうか，すでに3年に，付録としてですが，百人一首にある短歌が18首も出てきます。

　さらに，小々単元『季節の言葉』の春と秋に，孟浩然の「春暁」と李白の「静夜思」の2つの五言絶句がでてきます。

(1) 指導時期

　配当されている時間は，『せんねん　まんねん』（2時間）と『生きる・言葉の橋』（4時間），『たのしみは―短歌を作ろう』と『「とんぼ」の俳句を比べる』（4時間），『季節の言葉―春と秋』（2時間）です。

　あちらこちらにちりばめられた形で出てくるこれらの詩を，どこかでまとめて，比較して指導してはどうか，と考えます。

V 単元の「順序」を入れ替え,「セット化」する(学年レベル)

「詩を読んで楽しもう」ということがテーマになっていて,七五調のリズムに乗せて,また,現代詩にあるように,繰り返しの文句を楽しみながら,読むのもよいことでしょう。

しかし,**これらをまとめて一緒に指導することによって,それぞれの特性を比較しながら学ぶことができます。**

(2) 指導方法(時間配分)

配当時数は計12時間になりますので,**学習活動を2分する**ことが考えられます

前半を「作詩」とし,子どもたちが一人ひとり俳句や短歌,また,自由詩を作る個人プロジェクトとします。作詩するテーマ(詩題)を決めて,作ることになると考えられます。

俳句や短歌の形式については,今までの学年で学んでいるはずです。俳句に季語が必要であること,短歌の上の句と下の句のかかわりについて学んでいるはずですが,今までの活動が詩の鑑賞という受け身な活動でしたから,巻末の付録にある単元『俳句を作ろう』を活用して,俳句を作るという能動的な活動を中心にすえることが考えられます。ここに,短歌や自由詩を作る活動も加えることになります。

作られた俳句や短歌,自由詩について,発表会を開き,お互いに批評し合うことになると考えられます。良い作品をきめてもいいかと考えられます。もちろん,発表会は集団活動になります。

後半は,前半で作詩し,批評し合い,良い作品がいくつか決められた後で,俳句や短歌,自由詩について,その特徴を理解する学習が組まれるべきです。

このとき,中国の古詩である漢詩について,指導してはどうかと考えます。孟浩然の「春暁」と李白の「静夜思」だけでなく,いくつか日本人によく知られている漢詩を加えたいものです。漢詩の訓読み以外に,中国語の発音で聞くのもよい経験になります。韻を踏むこと,リズムがあることに気づかせられれば,すばらしい指導です。

21 「物語,説明文」の単元を連続させ,「対比して」学習する
——事例:国語・2年『スイミー』と『どうぶつ園のじゅうい』(第3・第4モデル)

　国語という教科の構成は変化してきていますし,国によっても違います。アメリカでは,フォニックス,リーディング,ライティングと分けて言われる場合と,ランゲージ・アーツとまとめて言われることもあります。

　国語は「話すこと・聞くこと」「書くこと」「読むこと」と区分されていますが,やはり,「読むこと」の領域に大きな比重を置いています。

　領域間に重なった教材もありますが,長い授業時間が配分されている領域は「読むこと」の領域です。その中が「物語」と「説明文」に分かれているのです。もちろん,子どもたちの発達段階を考慮して物語と説明文の内容は選択されていて,両者が学期ごとに適当に,あるいは,入れ違いに配置されているのです。

　両者の違いが意識されて指導されるべきではないか,と考えます。なぜなら,「物語」と「説明文」の違いは抒情詩と叙事詩にも通じるものです。何より,前者について書くというとき,感想文という形になり,今日までのところ,子どもたちが書くというとき,感想文を書くことを意味してしまっているからです。今日,国語でも,説明文のように,調べて書くということを指導すべきです。

(1) 指導時期

　まず,大雑把な言い方をすれば,「物語」と「説明文」はどの学年でも,各学期に1つずつ配置されています。物語が連続してあってもいいし,同じように,説明文が続いてもいいのです。『スイミー』は6月の10時間単元です。他方,『どうぶつ園のじゅうい』は9月の12時間単元です。両者共に,配当されている月（季節）とあえてかかわっている単元

Ⅴ　単元の「順序」を入れ替え,「セット化」する（学年レベル）

ではないと考えられますので，どちらかに移して，前後して指導し，「物語」と「説明文」の違いに気づかせたいと考えます。

⑵　**指導方法（時間配分）**

　この2つの単元を連続させてできる大単元の学習活動は，3つの活動に分けられるはずです。最初の活動は，それぞれの単元について，「物語」は物語として指導し，「説明文」は説明文として指導します。必要なら，指導時間を2時間ほど加えて，最後に，両者を対比して，それぞれの特徴について指導します。

　単元『スイミー』も，単元『どうぶつ園のじゅうい』も一般的にはいわゆる「段落読み」という手法が取られることでしょう。背景や事態の変化に応じて切り取り，場面ごとにそこに書かれている内容を理解していくことになります。**物語**では，作者や登場人物（動物）の心情の変化を読み取っていきます。もちろん，その過程で作者と登場人物について自分なりの読み取りが許されてもよいはずです。感情移入もなされます。『スイミー』が長く続いてきている教材であることは，2年生の子どもにとって，自分のことのように引き受けられるストリーということでしょう。

　それに対して，**説明文**は事実や実態をできるだけ正確に報告しているもので，時間経過の中で，あるいは，空間的な広がりの中で事実や実態を記述しているものです。『どうぶつ園のじゅうい』は2年生の子どもにとって親しみやすい題材ですが，動物は弱さを見せないようにしているという話や，ニホンザルに薬を与える難しさやペンギンのおなかからボールペンを取り出す苦労は，子どもたちの興味を引く話です。

　物語はフィクションで，説明文はノンフィクションですが，2つを一緒にして連続させ，対比して，その違いを2年から指導していくことは重要ではないでしょうか。国語では常にこの2つの形の文章を読んで行きますし，文体や書き方をめぐっても，両者は違います。意識して，指導しておきたいことではないでしょうか。

22 「童話，民話」の単元を連続させ，「対比して」学習する

――事例：国語・3年『きつつきの商売』と『三年とうげ』(第3・第4モデル)

　前項で，国語は「話すこと・聞くこと」「書くこと」「読むこと」と区分されていると言いましたが，やはり，「読むこと」の領域に大きな比重が置かれています。

　領域間に重なった教材もありますが，長い授業時間が配分されている領域は「読むこと」の領域です。

　興味あることですが，今日では，発信型の能力，コミュニケーション能力の育成が叫ばれていて，「話すこと・聞くこと」「書くこと」の領域も強調されてきています。新しい学習指導要領では，よく知られているように，言語活動が強調されていますが，「活動」という言葉そのものが，アウト・プット能力に力点が置かれた表現です。

　とは言え，国語の主要な領域は「読むこと」にあると言っていいでしょう。ちなみに，領域別に配当時間を調べてみると，領域が重なる単元も重ならない単元もあり，また，学年によっても違いがありますので，正確には言えませんが，およそ，「読むこと」の活動領域は半分を占めます。

(1) 指導時期

　小学生のための国語の教科書ですから，童話や民話，あるいは，寓話や昔話が教材としてとりあげられるのは当然でしょう。どの学年にも物語があり，それらは童話や民話です。『きつつきの商売』は童話で，ノートの取り方と国語辞典の引き方についての学習を含んでいる，11時間の4月単元です。他方，『三年とうげ』は韓国に伝わる民話で，11月から12月にかけて学習する6時間単元です。

　どちらかと言えば，後者を4月に移したほうがよいかと考えられます

が、どの季節に持っていかなければならないという単元ではないと考えられます。両者を並べて学習してみて、**物語である童話や民話が区別して意識されるように指導したい**ものです。

(2) 指導方法（時間配分）

　前項と同じように、ここでも、この2つの単元からなる大単元の学習活動は、3つの活動に分けられるはずです。最初の活動は、それぞれの単元について、「童話」は童話として指導し、「民話」は民話として指導します。ここでも、必要なら、指導時間を2時間ほど加えて、最後に、両者を対比して、それぞれの特徴について指導します。

　もし『きつつきの商売』のほうを学級全員で読み進める方式なら、『三年とうげ』は小グループ学習か、個人学習にしたいものです。たとえ間違っていても1人で読みきることは大切なことです。もちろん、最後には友だちと話し合い、間違いを正していくことは言うまでもありません。

　子どもたちにとって、童話と民話の区別は難しいものです。子どもたちは保育園や幼稚園以来、沢山の童話に接してきています。小学校3年ころになれば、共に、現実には起こりそうにない空想的な記述で、何か、教訓めいている話であることに気づいてくるでしょう。民話は民間に伝わる昔話で、「桃太郎」「かちかち山」などとどう違うのだろうか、と考えながら読んでみると楽しいはずです。しかも、『三年とうげ』は韓国の民話で、民話は外国にもあることに気づいてくるでしょう。

　できると考えられるのですが、『きつつきの商売』は1年や2年で学んだ「スイミー」を、『三年とうげ』は「たぬきの糸車」をもう一度取り出して比べてみてはどうでしょうか。

　単元『きつつきの商売』の後にある「本は友達」のセクションには、動物が主役の童話の本が4冊あり、4年の最後の付録の『この本、読もう』には、35冊の推薦図書があります。『本のれきし』『ファーブル昆虫記の虫たち』など6冊以外は、童話と民話です。休みの日などを利用して、家庭で読ませるとよいかと考えます。

23 「植物の発芽，成長，結実と動物の誕生」の単元を連続させ，「総合して」学習する

——事例：理科・5年『植物の発芽』『メダカのたんじょう』と『人のたんじょう』(第3・第4モデル)

　どの教科にも，いくつかの領域があり，そこに系統性があり，それによって単元が作られ，配列されています。

　理科では，やがて生物，化学，物理，地学として識別される領域があり，どこかで相互の違いを意識させる学習活動が必要です。同時に，学際的な領域，理科では「環境教育」にかかわる領域の存在についても，意識して指導する必要が出てきます。

　『植物の発芽』『メダカのたんじょう』『人のたんじょう』の3つの単元は，教科書でも，連続した一連の単元です。このシリーズ単元には，あと2つの単元，すなわち，『植物の成長』と『植物の花のつくりと実や種子』があり，全体として「生命のつながり」という副題がついています。理科には，こうしたシリーズ単元が多くあり，5年では，「天気と情報」がシリーズ単元です。

(1) 指導時期

　『植物の発芽』は7時間の5月単元で，主な学習活動は発芽に必要な条件に関する4つの実験です。

　『メダカのたんじょう』は8時間の6月単元で，主な学習活動はメダカの卵から生まれるまでの観察と，水の中にいる微生物の観察です。

　『人のたんじょう』は6時間の7月単元で，主な学習活動は母親の胎内における胎児の成長を知ることです。

　指導時期として，5月から6月が望ましいことは言うまでもありません。しかし，教科書では，上のように月ごとに順に並べて記述するより他にありませんが，学習活動としては，すべて，一緒にして大単元として取り扱うほうがよいでしょう。

特に,『植物の発芽』と『メダカのたんじょう』は実験・観察で,長期にわたる断続的な学習活動となるでしょう。実験・観察カードを用意し,断続的な実験・観察を記録していくことになります。

(2) **指導方法（時間配分）**

したがって,インゲンマメとメダカについて断続的な実験を用意し,観察を継続していくとすると,この大単元の中心的な学習活動は『人のたんじょう』ということになります。もちろん,暖かい日に校外へ出て,水の中の微生物を採集し,観察するという活動をはさみますが,**子どもたちの関心の高い『人のたんじょう』が主たるテーマ**でいいのではないでしょうか。

養護教諭や母親の協力を得て,母子手帳の記録を手がかりに,自分自身が生まれてくるまでの様子を学習することになるはずです。もし妊娠中の母親や産婦人科の医師の協力が得られ,子どもたちの前で話をしていただけるなら,臨場感もあり,より効果的な学習が期待できます。また,是非,総合的な学習の時間と連携をはかりたいものです。この中心的な活動は自分自身の誕生をふり返るという個人プロジェクトとなるでしょう。他方,実験・観察はグループ活動でよいかもしれません。

最後に,3つの単元で学んだことを対比し,総合します。植物は種子から誕生し,成長していくのに対してメダカは卵生であり,人間は胎生であることを知り,そうした違いにもかかわらず,水や栄養,それに適切な温度や空気,人間の場合は特に「愛情」が必要なことを理解させたいものです。

このようにシリーズになる単元は大単元として,1つの学期全体を視野に入れて,再構成し直す必要があります。

特に,理科は1学期あるいは1年を通して観察する学習活動があり,社会には,3,4年の地域学習や6年の歴史的分野のように連続性と総合性を持った学習活動があります。大単元化することによって,より有機的な学習活動が保障されるでしょう。

24 「農業，水産業，工業」の単元を連続させ，「総合して」学習する

―― 事例：社会・5年『農業』『水産業』と『工業』（第3・第5モデル）

　理科や社会について特に言えることですが，前章で見てきたごとく，ある中心的な単元を「範例」として時間をかけて，原理的に深く指導し，転移力を高め，同じ性質の指導内容を持つ他の単元の学習活動に援用する「範例方式」の指導方法が考えられます。

　範例すなわち模範となる単元を重点化し指導しようとするあり方です。重点単元の指導にあっては，指導内容について根幹となっている構造を取り出し，そこに指導の力点を置きます。そして，同時に，問題解決の技術や方法を身に付けることによって，どの学習課題にも鋭く探究することのできる能力の育成に力点を置いて指導します。

　他方，順序を入れ替えて，同じ性質の指導内容を持つ複数の単元を「セット化」し，より大きな単元にすることによって，学習課題を「より広い領域あるいは視野」から解決することをめざすことができます。

　私たちは，今日国際化・グローバル化する世界に住んでいます。理科や社会の学習は，環境問題，人口や資源の問題，情報化の問題，平和の問題などと深くかかわっています。「より広い領域あるいは視野」からのアプローチが必要となってきています。

(1) 指導時期

　単元『農業』と『水産業』は4月から7月にかけて学習される28時間単元で，前者に12時間，後者に9時間が配当されていて，残った7時間は単元『ふだん食べている食料は，どこからくるの』に配当されています。単元『工業』は18時間の9月単元です。これらの単元を大きくとらえ，1つの大単元『生活をささえる生産』として，セット化して指導しようというのです。

(2) 指導方法

　従来，単元『農業』『水産業』と『工業』は別々の学習活動として指導されてきています。この教科書では，農業は庄内地方のお米作りに焦点を当て，生産から販売までを取り扱っています。水産業は銚子漁港に焦点を当て，漁獲高を調べ，同時に，取る漁業だけでなく，育てる漁業についてもふれています。工業は太田市にある自動車工場を中心として，製造過程，販売ルート，輸出先などについて取り扱っています。

　総計46時間という学習活動で，グループ・プロジェクトとして，大きく『農業』『水産業』『工業』グループを編成し，**課題選択学習**（37ページ参照）を行います。もちろん，その中でまた，小グループをつくり，課題を設定し学習します。課題設定にあたって，ウェビング手法を用い，『農業』『水産業』『工業』が共通に当面している今日的課題に注目しながら課題づくりをします。言うまでもなく，共通している課題は世界との競争の中にありながら，相互依存関係を深めていることです。

　農業分野での自給率，水産業での育てる漁業，工業での海外進出など，新聞記事の切り抜き活動などから，情報を得る工夫が考えられます。

(3) 学習環境

　このような長期にわたるグループ学習には，子どもたちの学習活動を支える学習環境が不可欠です。

　まず，学習の場の確保です。空き教室やオープン・スペースがあれば，好都合です。社会の授業はそこで行い，そこには，『農業』『水産業』『工業』にかかわる単行本，参考書，写真集などの印刷教材，ＶＴＲやＣＤなどの視聴覚教材を用意します。もちろん，パソコンも用意します。

　また，地域の専門家の協力が得られると，さらに，好都合です。子どもたちはこうした豊かで，多様な学習環境の中で，話し合いながら自らの力で学習していくことが期待されます。

参考文献：加藤幸次編著『学習環境の改善』国立教育会館，1998。
　　　　　加藤幸次・佐久間茂和『個性を生かす学習環境づくり』ぎょうせい，1992。

VI

単元の「順序」を入れ替え，「セット化」する（2学年幅）

　実は，「2学年幅」で教科の目標と内容がまとめられて示されたことは，意識されている以上に，重要な問題なのです。それは学校が学校の教育課程を編成しようとするとき，一部の教科ですが，「学年ごとの積み上げ」方式を取らなくてもよいことを意味します。

　子どもたちは学年というステップごとに，学習指導要領が学年ごとに示す指導内容を習得すべきであるという考え方に修正を加えているのです。

　一部の教科ですが，2学年という幅の中で指導内容を習得すればよいことになったのです。すなわち，それらの教科では，指導内容の系統性が時間的に，縦の方向に柔軟になったということです。

　学習指導要領の解説書は指導内容の2学年幅での運用について，次のように言います。

　「国語，生活，音楽，図画工作，家庭及び体育の各教科，外国語活動，また，社会科の第3学年及び第4学年については，学年の目標及び内容を2学年まとめて示している。」（小学校学習指導要領解説『総則編』，29ページ）

　「2学年まとめて示しているのは，2学年の幅の中で内容の取り上げ方に創意工夫が必要になるということである。例えば，いずれの学年でも素材や題材を変えて繰り返し指導されるもの，地域や児童の実態等から扱う学年を一方の学年にするもの，飼育や栽培活動のように長い期間をかけて学習活動を展開するもの等，教科等や指導内容の特質等を生かした多様な取り上げ方が考えられる。」（同書，48ページ）

国語（3年：上段，4年：下段）単元（教材）

3年

月	単元（教材）	時数
10	秋の楽しみ	1
10	ローマ字	5
10	ちいちゃんのかげおくり	12
10	漢字の広場④	2
11	修飾語	1
11	**すがたをかえる大豆（VII-30）**	7
11	食べ物のひみつを教えます	6
11	一茶・百人一首など	1
12	漢字の意味	2
12	三年とうげ（V-22）	7
12	漢字の広場⑤	2
12	物語を書こう	1
1	にた意味の言葉、反対の意味の言葉	6
1	冬の楽しみ	2
1	雪	1
1	じゃがいもしりしり	4
1	かるた	8
2	漢字の広場⑥	6
2	本で調べて、ほうこくしよう	2
2	自分の言葉でまとめたことを発表しよう	16
3	カンジーはかせの音訓遊び歌	2
3	モチモチの木	15
	授業時数の合計	200

4年

月	単元（教材）	時数
10	〈資料〉手と心で読む	2
10	発表のしかた	14
10	漢字の広場③	1
10	ごんぎつね（IV-1）	2
10	秋深し	8
11	慣用的	7
11	アップとルーズで伝…	1
11	「仕事リーフレット」を作ろう	2
11	子規・啄木など	9
12	三つのお願い	2
12	文と文をつなぐ言葉	1
12	漢字の広場④	4
12	熟語の意味	2
1	のはらうた	1
1	野原の仲間になって	10
1	春立つ	1
1	**ウナギのなぞを追って（IV-4）**	6
2	聞き取りメモの工夫	2
2	漢字の広場⑤	1
2	額に柿の木	15
3	「ことわざブック」を作ろう	2
3	漢字の広場⑥	10
3	初雪のふる日	
	授業時数の合計	196

＊太字は本書で事例として取り上げている単元を示しています。ローマ数字と算用数字の組み合わせは，前者が取り上げている章を，後者が項目番号を示しています。目次を参照してください。

　別の観点から見ると，学年ごとに指導しなければならない教科は算数，理科と第5, 6学年の社会だけということです。学校が指導計画を作成するときの裁量の幅はかなり広い，と言っていいでしょう。しかし，現実には，教師が学年別に配置され，教科書も学年に従って配布されます。2学年幅で授業を行うことは容易なことではありません。最大の問題は保護者を含んで，教師の意識が「学年制」に深く縛られていて，「2学年幅」で指導という行為をイメージすることができないことです。

　国語では，「内容の2学年幅での指導」の必要性について，次のように言われます。「各学年の目標は，2学年まとめて示している。それは，児童の発達の段階や中学校との関連を配慮しつつ，学校や児童の実態に応じて各学年における指導内容を重点化し，十分な定着を図ることが大切だからである。」（小学校学習指導要領解説『国語編』，10ページ）

　社会では，次のように言われます。「第3学年及び第4学年においては，各学校が2年間を見通して，地域の実態に応じて内容の順序や教材の選定等を工夫するなど，地域に密着した学習が弾力的に展開できるよう，2学年分

VI　単元の「順序」を入れ替え，「セット化」する（2学年幅）

配当表──光村図書，平成22年検定済

【3年】

月	4				5					6				7			9		
教材名	/いつも気をつけてみようどきん	きつつきの商売（V-22）	国語辞典のつかい方ノートをなかよくなろう	漢字の音と訓	春の楽しみ	きちんとつたえよう	よい聞き手になろう	めいロのねむり方	漢字の広場①	ありの行列	気になる記号	漢字の広場②	ばけくらべ	符号など	良寛・芭蕉など	夏の楽しみ	海をかっとばせ	漢字の広場③	手紙を書こう	本は友だちいろはにほへと	わたしと小鳥とすずみいつけた	わたしたちの学校行事インタビュー	へんとつくり
時数	2	11	2	1	2	4	2	10	1	12	1	1	8	2	4	6	2	14	2

Ⓐ（VI-25）　　　Ⓑ（VI-26）

【4年】

月	4				5					6				7			9		
教材名	/春のうたいつも気をつけてみよう	白いぼうし	夏近し	漢字辞典の組み立て使い方	話す言葉は同じでも	よりよい学級会をし	大きな力を出す	動いて考えて、ま	ついろいろな意味をも	漢字の広場①	え読書生活について考よう（IV-12）	一茶・蕪村など	まちがえやすい漢字	一つの花（V-18）	夏さかん	新聞を作ろう	漢字の広場②	本は友達かげ	忘れものカンジーはかせのぼくは川字しりとりの漢	だれもがかかわり合えるように
時数	2	3	8	1	4	10	2	2	12	1	2	1	8	5	2	6	2	2	15

*Ⓐ指導法事例：VI-25（p.108〜109）　　Ⓑ指導法事例：VI-26（p.110〜111）

の内容をまとめて示すことは従来どおり……。」（小学校学習指導要領解説『社会編』，6〜7ページ）

　実は，この2学年幅で指導内容がまとめて示されている教科の取り扱いは，小規模校にある「複式学級」の指導の改善を可能にする先進的な指導の研究につながっています。すなわち，複式学級の指導のあり方として，例の「渡り指導」がよく知られているのですが，他の指導のあり方が追究されるべきです。教師が学年をまたいで渡り歩き指導し，子どもは教師が渡ってくるのを待つというあり方は，あまりにも，「学年制的」発想です。

　今日，欧米の先進的な学級はわざわざ2から3学年幅の子どもたちで構成しています。そこでは，意図的に，2から3学年に渡る子どもたちの助け合い活動に基礎づけられた指導がなされているのです。下記の参考文献には，スウェーデンの学校での実際の様子が，見事に描かれています。

参考文献：伏木久治「複式学級の教育効果を生かした教育実践の可能性―スウェーデンのヴィットラ・スクールの『個に応じた教育』を事例として」個性化教育研究，第2号，2010。

25　1時間加えて「言語文化学習」を2学年「まとめて」行う

――事例1：『3，4年の俳句・短歌学習』，事例2：『5，6年の俳句・短歌学習・古典』(第3・第6モデル)

　実は，ここで取り扱っていこうとしている指導内容の「2学年幅の運用」ということが，私たちにピタッとこないのには，理由があります。

　最大の理由は，私たちが1年ごとに積み上げていく「学年制」を理想として描いてきていることにあります。別の言い方をすると，私たちは，学級は同じ暦年齢の子どもたちで構成されるべきであり，この学級を構成する全員の子どもたちは1年ごとに着実に指導内容を身につけていくべきである，と考えてしまっていることです。

　もちろん，教師は学年ごとに配置され，教室も同様で，また，教科書も1年ごとに配布されています。どのような理由であれ，留年という処置は屈辱以外の何ものでもないのです。

　それに対して，指導内容の「2学年幅の運用」ということは，子どもたちの間に理解度や到達度に違いがある，という事実を認めたことを意味します。すなわち，「学年制」に取って代わるとまでは言わないとしても，「無学年制」に視野を広めたことを意味します。

(1) 指導時期

　新しい国語の教科書の特徴は，言語活動に関して中心的役割を果たすべく，漢字学習が重視されたことと，伝統的な言語文化学習が導入されたことです。すなわち，言語文化として，俳句，短歌，古典が多く指導されることになりました。また，伝統文化についての説明文も増えました。

　事例1ですが，3年の小々単元『声を出して楽しもう：良寛・芭蕉など』は5月末単元，『同：一茶・百人一首など』は11月単元，4年の小々単元『同：一茶・蕪村など』は6月単元，『同：子規・啄木など』は11

Ⅵ 単元の「順序」を入れ替え,「セット化」する(2学年幅)

月単元で,すべて,1時間の小々単元です。

2年幅でとらえ,時期は問わないと考えられますので,たとえば,4年の6月に4時間まとめて指導することが考えられます。1時間加えれば,5時間という小単元になります。

事例2は5,6年の古典学習ですが,5年では,小々単元『声を出して楽しもう:竹取物語・枕草子・平家物語』が5月に2時間単元としてあり,『同:論語』は12月はじめに1時間単元としてあります。

6年には,4時間の単元『たのしみ 「とんぼ」の俳句を比べる』が9月にあります。ここでも,時期は問わなくてもよく,どこかに寄せて,さらに,1時間加えて,8時間単元としてはどうでしょうか。

(2) **指導方法(時間配分)**

これら1時間の小々単元は『声を出して楽しもう』とあるように,理解をめざすというよりも,時々,声を出して読んで親しむ程度の指導でよいと考えられているものです。このように,あちらこちらに機会を設けて,時々,耳にするという手法も,慣れ親しむというのには悪いとは言えませんが,このあり方を,今回の学習指導要領が強調しているスパイラルに「繰り返す」学習方式と考えることにはならないと考えられます。

2学年幅で言語文化学習を考えるとき,やはり,一連の文脈の中においてより構造化して指導すべきではないか,と考えられます。第Ⅴ章16で取り扱いましたが,6学年の4つある小々単元『季節の言葉』にも,俳句・短歌,あるいは,漢詩がでてきます。これらとの関連的指導も考えられます。

また,5年の巻末の付録『学習を広げる』には,「古典の世界」が,6年のそれには,「俳句を作ろう」があります。第1部第Ⅰ章でも述べたように,これらには時間が配当されていません。家庭学習に追いやるのでしょうか。それはまさに学力格差を助長することにつながるでしょう。どこかで指導しなければならないはずです。

26　2年間に学ぶ漢字を「まとめて」分析的, 構造的に指導する

――事例1：「3, 4年の漢字学習」, 事例2：「5, 6年の漢字学習」(第3・第4モデル)

　中国の小学校の国語（大陸では『語文』, 台湾では『国語』）の教科書を分析してみますと, 漢字学習について参考になることが多くあります。まず, ひらがなやカタカナがないのですから, 最初から漢字だけです。小学校で学ぶ漢字の字数は約3,000字です。ちなみに, 3,000字を知っておれば, 社会生活に不自由しないそうですので, 日本の常用漢字といったところです。また, 中・高校でさらに2,000字ほど習うと言われています。

　興味あることは, この3,000字の内の2,000字を1, 2年生で教えているのです。日本では, 中学卒業時までに約2,000字ですから, そのすさまじさが想像できるでしょう。毎学期約500字です。そこでは, 漢字を「六書」をベースにして分析的, 構造的に指導しています。しかし, 象形文字や指事文字に頼らず, 会意文字と形声文字（文字の90％を占める）に力点を置いて指導しています。もう一つ興味あることは, 1年生から『新華字典』と名づけられた漢字字典を全員に持たせ, 常に, 自分で文字を見つけ, 学ぶように仕向けていることです。

(1) 指導時期

　漢字の指導については, 以前から「2学年幅」で行ってきました。2年以上の学年には, 1年間に5, 6回に分けられた小々単元『漢字の広場』が設けられていて, 1年前に学んだ漢字を再学習してきているのです。他の教科書会社の教科書でも, このあり方が採用されています。漢字は一度学んだからといって, すぐ覚えられるものではなく, 何度か繰り返して学ぶものであると考えられてきているからです。

　新しい教科書はこの『漢字の広場』に加えて, 別に漢字学習の場を設

Ⅵ　単元の「順序」を入れ替え，「セット化」する（2学年幅）

けています。3年と4年では次の小々単元です。

　『漢字の音と訓』（4月，2時間），『へんとつくり』（9月，2時間），『漢字の意味』（11月，2時間），『漢字の組み立て（漢字辞典の使い方）』（4月，3時間），『熟語の意味』（1月，2時間）です。

　5年と6年では次の小々単元です。

　『漢字の成り立ち』（4月，2時間），『漢字の読み方と使い方』（11月，2時間），『同じ読み方の漢字』（11月，2時間），『漢字の形と音・意味』（7月，2時間），『熟語の成り立ち』（10月，2時間）です。

⑵　指導方法

　このように，小々単元として時々織り交ぜて指導するというあり方がとられていますが，各学年で一時に「まとめて」指導するというあり方が考えられます。また，2年間の小々単元を一時に「まとめて」指導するというあり方も考えられます。まとめて指導する場合，そこに学習の「文脈（流れ）」ができます。**順序を入れ替えたり，まとめ方を工夫して，教育的に意味ある活動に仕立てるべきです。**

　上で述べた3年と4年の小々単元で考えると，『漢字辞典の使い方』という単元名のもとに，4年の4月あたりに，連続させて集中的に9時間指導したほうが効果的ではないかと考えられます。

　言うまでもなく，漢字辞典は「部首（へんとつくり）」を手がかりに引きます。辞典を引きつつ，「漢字の組み立て」を知り，「漢字の意味」を調べます。また，「熟語の読み方や意味」を見つけていきます。漢字辞典をどのように使いこなしていくかという活動の中に，これらの小々単元を統合することが考えられます。

　同じように，上に述べた5年と6年の小々単元を考えると，一時に集中して，『漢字のおもしろさ』とでも題した単元として指導することができそうです。10時間という中単元に再構成することによって，意味のある文脈の中で指導できる，と期待できます。

27　2年幅で物語文を読み，「私と家族」のかかわりを読み解く

──事例：国語・5，6年『わらぐつの中の神様』と『カレーライス』（第3・第4モデル）

　指導内容を2年幅で運用することの意味について，学習指導要領は次のように言います。「例えば，いずれの学年でも素材や題材を変えて繰り返し指導されるもの，地域や児童の実態等から扱う学年を一方の学年にするもの，飼育や栽培活動のように長い期間をかけて学習活動を展開するもの等，教科等や指導内容の特質を生かした多様な取り上げ方が考えられる」（小学校学習指導要領解説『総則編』，48ページ）。

　ここには3つのあり方が示されているのですが，逆の順序で見ると，2年間にわたって飼育や栽培活動をし，学習する生活科や総合的な学習の時間での学習活動が想定されます。

　地域や児童の実態等から扱う学年を一方の学年にするものというのは，各学校は，2年間まとまって指導内容が示されている教科では，配当時間を考慮しながら，指導内容を2年幅で順序付け，配当して，指導することができるということを意味します。

　「いずれの学年でも素材や題材を変えて繰り返し指導されるもの」という意味をどのように解釈するかは難しい気がしますが，社会の3，4年は地域学習で地域の特性を学ぶのに，いろいろな違った地域素材を活用しますので，ここでは，それに準じます。

　国語では，「素材や題材」を詩，物語，説明文などと考えることができます。そして，そうした「素材や題材」を変えて繰り返し指導される単元には，それらを通じてめざされている「ねらい」があると言えます。

　詩について言えば，七五調をなす文字数の中で，美しく物事，事態，心情などを詠うということでしょうか。物語について言えば，その構成，登場する人物像，使われている言葉や表現でしょうか。説明文で言えば，

VI 単元の「順序」を入れ替え,「セット化」する(2学年幅)

その構成と内容でしょうか。ここでは,物語文について「ねらい」を「構成,人物像,言葉と表現」といった形式的なものととらえず,そこに一貫して流れているテーマ(主題)としてとらえてみます。

(1) 指導時期

5年の『わらぐつの中の神様』は2月から3月にかけての7時間単元です。6年の『カレーライス』は4月の6時間単元です。したがって,学級が「持ち上がり」なら,指導時期は問題ではないと考えられます。あえて言えば,前者は雪の降る北国の話ですので,後者を前者のほうに移したほうがいいかもしれません。

(2) 指導方法

もし5年の単元『わらぐつの中の神様』を学級プロジェクトとして,学級全員で読み,あるいは,小グループ・プロジェクトとして,小グループで話し合いながら読み進めるという授業なら,6年の単元『カレーライス』は1人あるいはペア・プロジェクトとしたほうがよいのではないでしょうか。

前者は私のおばあさんがおじいさんと出会うときの話で,いくつかの重要なメッセージが伝わってくる物語です。「良く働く,使う人の気持ちになってわらぐつを作ったおばあさん」,「その気持ちを理解したおじいさん」など道徳的,価値的なメッセージがそこにこめられています。その話をきいている女の子である私がそこにいるのです。後者はお父さんに素直にあやまれない男の子の私の物語です。あやまりたいのだけれど,「分かっていることいわれるのがいや」とか,「先手をうたれたせいで」あやまるタイミングを失う私がいるのです。

ここでのテーマ(主題)は,「家族の中で育っていく私」というものではないかと考えられます。しかし,「きれい過ぎる」のではないか,と心配になります。子ども自身が自分の家族とこのような関係を持った経験があるのか,と問い直してこそ,ここでの学習が生きるのではないか,と考えられます。

Ⅶ
教科間の指導内容を関連・合科させて、「ユニット化」する

　今日の学習指導要領は原則として系統主義，教科主義の立場にあるのですから，相関カリキュラム，融合カリキュラムや広領域カリキュラムなどについての理解を広げる必要があります。

　テコの原理で言うところの「支点」で分厚くなった教科書を持ち上げ，活用し，「指導の効果を高め」ようとするとき，**第3の支点**は教科間で指導内容を関連・合科させて，新しく「ユニット化」することです。

　第1，第2の支点に即して言えば，**「指導時期，指導時間」**さらに，**「指導方法」も加味して，より大きな単元を構成し「カスタマイズ（自分たち仕立てに）」**することです。

　このことに関して，学習指導要領は次のように言います。

　「児童に確かな学力を育成するため，知識と生活との結び付きや教科等を超えた知の総合化の視点を重視した教育を展開することを考慮したとき，教科の目標や内容の一部についてこれらを合わせて指導を行ったり，関連させて指導を進めたりした方が効果が上がる場合も考えられることから，合科的な指導を行うことができることとしたり，関連的な指導を進めたりすることとしたものである。」（小学校学習指導要領解説『総則編』，50ページ）

　具体的には，教科間で関連性のある指導内容を結びつけ，より「広い，深い」理解へと子どもたちを導くこと，さらに，子どもたちの「生活や経験」に根付いた学習活動を創り出すことです。

＊116〜117ページと32項，33項および36項から40項の実践事例は過去のものであり，現在，その学校で行われている実践ではありません。また，現行学習指導要領では用いられていない用語を含みます。教科書は実践が行われた学校によって違っています。

うたせ学習と教科等

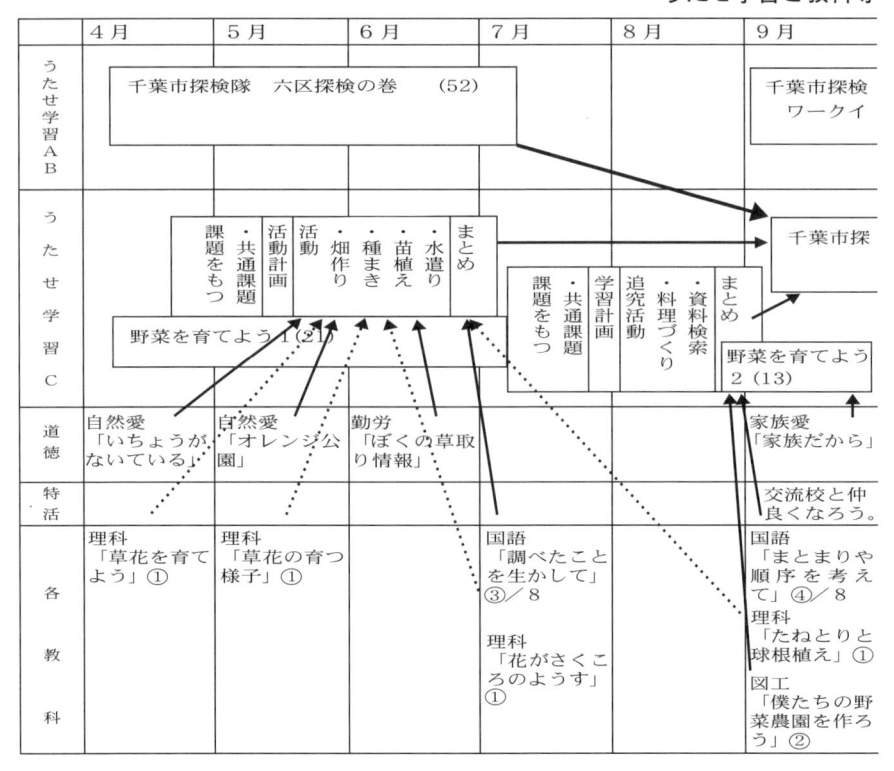

	4月	5月	6月	7月	8月	9月
うたせ学習AB	千葉市探検隊　六区探検の巻　（52）					千葉市探検ワークイ
うたせ学習C	野菜を育てよう1（21） 課題をもつ・共通課題・活動計画	活動・畑作り・種まき・苗植え・水遣り	まとめ		課題をもつ・共通課題・学習計画・追究活動・資料検索・料理づくり まとめ	千葉市探 野菜を育てよう2（13）
道徳	自然愛「いちょうがないている」	自然愛「オレンジ公園」	勤労「ぼくの草取り情報」			家族愛「家族だから」
特活						交流校と仲良くなろう。
各教科	理科「草花を育てよう」①	理科「草花の育つ様子」①	国語「調べたことを生かして」③／8　理科「花がさくころのようす」①			国語「まとまりや順序を考えて」④／8　理科「たねとりと球根植え」①　図工「僕たちの野菜農園を作ろう」②

　学習指導要領解説書は次のように，合科的な指導及び関連的な指導を定義しています。「合科的な指導は，教科のねらいをより効果的に実現するための指導方法の一つである。単元又は1コマの時間の中で，複数の教科の目標や内容を組み合わせて，学習活動を展開するものである。また，関連的な指導は，教科等別に指導するに当たって，各教科等の指導内容の関連を検討し，指導の時間や指導の方法などについて相互の関連を考慮して指導するものである。」（小学校学習指導要領解説『総則編』，50ページ）

　「合科的・関連的な指導を行うに当たっては，児童が自然な形で意欲的に学習に取り組めるような学習課題を設定するとともに，課題選択の場を設けたり，教科書を工夫して使用したり，その指導に適した教材を作成したりして，指導の効果を高めるようにすることが必要である。」（同書，51ページ）

　このことは，教科主義を基礎に作られている学習指導要領の系統性への「柔軟性」を示しています。すなわち，「指導の効果を高める」という限定の中とは言え，相関カリキュラム，融合カリキュラムや広領域カリキュラムというあり方が志向されている，と考えられます。すなわち，「教科の壁」

との関連（3年生）

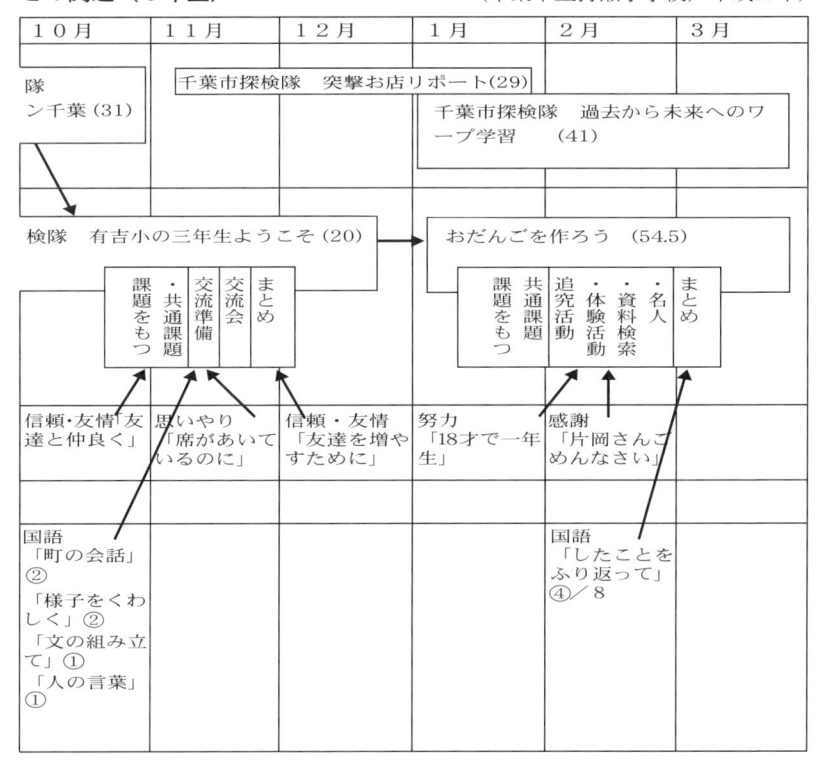

（千葉市立打瀬小学校，平成10年）

10月	11月	12月	1月	2月	3月
隊ン千葉(31)	千葉市探検隊　突撃お店リポート(29)				
			千葉市探検隊　過去から未来へのワープ学習　(41)		
検隊　有吉小の三年生ようこそ(20)			おだんごを作ろう　(54.5)		
	課題をもつ・共通課題 / 交流準備 / 交流会 / まとめ		課題をもつ・共通課題 / 追究活動・体験活動 / 名人・資料検索 / まとめ		
信頼・友情「友達と仲良く」	思いやり「席があいているのに」	信頼・友情「友達を増やすために」	努力「18才で一年生」	感謝「片岡さんごめんなさい」	
国語「町の会話」② 「様子をくわしく」② 「文の組み立て」① 「人の言葉」①				国語「したことをふり返って」④／8	

に穴が開き，教科の系統性に空間的な，あるいは，横の柔軟性が認められたと言えるのです。同時に，重要なことですが，「児童が自然な形で意欲的に学習に取り組めるような学習課題を設定する」という文言は，明らかに，経験主義的カリキュラム編成を示唆しています。

学習指導要領の解説書は，特に，低学年の生活科，中・高学年の総合的な学習の時間について，合科的・関連的な指導が必要であると強調しています。

「このように，低学年では特に生活科を中核として合科的・関連的な指導の工夫を進め，指導の効果を一層高めるようにする必要がある。特に第1学年入学当初における生活科を中心とした合科的な指導については，新入生が，幼児教育から小学校教育へと円滑に移行することに資するものであり，幼児教育との連携の観点から工夫することが望まれる。

中学年以上においても，児童の興味・関心が広がり，思考が次第に総合的になる発達の段階を考慮し，各教科間の目標や内容の関連をより幅広く押さえ，指導計画を弾力的に作成し，合科的・関連的な指導を進めるなど創意工夫した指導を行うことが大切である。」（同書，51ページ）

28 「理科と算数」関連的指導を創る（5年）
──理科単元『もののとけ方』と算数単元『割合とグラフ』を同じ時期に設定し，理解の幅を広げる（第2・第3モデル）

理数科と言われるように，本来，理科の指導内容と算数のそれは深くかかわっています。特に，化学や物理につながる領域では，数学がベースになって，学習されていきます。

理科の指導内容にかかわることだけでありませんが，子どもたちは身の回りにある物を数えたり，グループに分けたり，足したり，引いたりして，認識していきます。もちろん，毎日見たり，毎日起きたりする事柄についても，パターンを認識し，識別していきます。したがって，「理科・算数」関連的指導は沢山できるはずですし，そのほうが効果的な指導ができると言えます。

しかし，理科と算数の単元配当表を検討してみると，2，3の単元で関連的指導が可能ですが，多くありません。これら2つの教科の内，算数が「学年レベル」を超えて，指導することができないことも，1つの原因です。

(1) 指導時期

関連的指導で大切なことは，関連して指導する単元の指導する「時期」を同じにすることです。もちろん，指導に先立って，子どもたちに関連していることを知らせると同時に，時間割上でも，前後に位置づけるべきでしょうし，指導の中でも，常に関連を意識させていきます。

大日本図書の理科『もののとけ方』は5年の1月の単元です。他方，日本文教出版（旧大阪書籍）の算数『割合とグラフ』もまた，5年の1月の単元です。したがって，ほとんど同じ時期に指導する単元ですので，指導の時期を合わせなくてもよいのではないかと考えられます。しかし，これは例外的で，一般的には，指導の時期を合わせなくてはならないでしょう。どちらの単元を移動させるべきか，検討が必要です。

(2) 指導時間

　関連的指導では，原則として，配当時間を変えないでよいとしたものです。すなわち，それぞれの単元の指導時間は教師用指導書が示す配当時間をそのまま採用することになります。理科『もののとけ方』の指導時間は13時間で，その中に3つの小単元「水よう液の量」（3時間），「水にとけるものの量」（6時間），「とけたもののとり出し方」（3時間）があります。

　子どもたちは実験を通して，後の2つの小単元で，棒グラフと折れ線グラフに表わしていきます。この2つの小単元が算数の単元『割合とグラフ』（16時間）の指導内容，特に，その中の最後の小単元「数学新聞をつくろう」と関連しています。

(3) 指導方法

　関連的指導においては，指導方法はそれぞれの教科での指導法をそのまま使うことになります。指導のプロセスで，相互の関連について，子どもたちに注意を喚起していく，というあり方になると考えられます。もちろん，注意を喚起する際に，より丁寧な説明がなされることが望まれます。

　この2つの単元の場合，理科は「ものがとけていく」と「とけたものをとり出していく」という実験・観察の中で，データ（数値）を記録し，グラフ化するのがテーマですが，算数では，帯グラフや円グラフが中心テーマです。棒グラフと折れ線グラフについては，それぞれ，3年と4年で学んでいますので，この点に配慮しながら，相互の関連について，子どもたちに注意を喚起していくことになります。

　ここでの関連指導は算数での棒グラフと折れ線グラフを使って，理科での実験・観察の中でのデータをまとめていく学習を行うことです。

　取り扱う複数の教科の単元が，手段と目的関係にあれば，合科的学習に仕立てることになるのですが，**関連的指導では，関連のあり方，させ方に特に注意を払うべきです**。

29 「国語と社会」関連的指導を創る（6年）
——国語単元『平和について考える』と社会単元『平和を守るために，どんな努力をしているの』を同じ時期に設定し，理解の幅を広げる（第1・第6モデル）

　説明文とは「論理的に言葉を重ね，内容の正確な伝達を目指す文」（広辞苑）です。したがって，国語の説明文には伝達したい内容があって，その内容は社会や理科などで取り扱う内容とつながってきます。説明文は社会や理科などとの関連的な指導が考えられます。

　もちろん，鑑賞文も時代的，地理的な背景の中で書かれていますから，関連的な指導が考えられます。詩文もまたそう言えそうです。しかし，説明文ほど直接的につながってはいないでしょう。

(1)　**指導時期**

　社会のこの単元は，2月から3月にかけて指導される最後の単元です。どの教科書でも最後になっています。それに対して，国語のこの単元は，どの教科書でも取り扱っているわけではありません。光村図書（国語）の教科書は6年の上巻の最後に，すなわち，6月末から7月にかけて学習する単元として『平和について考える』を位置付けています。

　これらの単元の性格からして，どちらに寄せて指導しても，よいと考えられます。ただ，6年の社会の前半は，歴史的分野で通史的に取り扱うことを重視すれば，国語の方を社会に合わせ，学年の最後に持ってくるべきかもしれません。

(2)　**指導時間**

　光村図書のこの単元の指導時間は14時間です。この単元は，広島の原爆記念館が世界文化遺産に登録されたときの感動を伝える「平和のとりでを築く」という説明文を読み，自分の考えをまとめて，発表するという学習活動からなっています。

　他方，日本文教出版（社会）のこの単元は7時間の授業です。指導内

容は，国際連合のはたらき，子どもたちを救う国際機関，政府の国際協力及び民間の国際協力の4つの事項から構成されています。両者を合わせれば，21時間とかなり長い指導時間となります。

(3) **指導方法**

「平和を守る」というテーマを構造的にとらえ，焦点化する必要があります。さもないと，学習が散漫になりかねないと考えられます。そのために，新しい一まとまりのユニットとしてとらえることになります。まず，国語で書いた「自分たちの考え」を話し合い活動の中でまとめてみたいものです。

次に，そのまとめから，平和を守るためには，国際連合，各政府や民間団体の努力が必要であることが認識できるとよいのではないか，と考えられます。両単元を構造的にとらえることによって，両者の関連が深まり，合科的な理解になっていくはずです。

こうした国語と社会との関連的学習は，この外にも，いくつか考えられます。

3年では，国語『本で調べてほうこくしよう』と社会『わたしたちの県のようす』，4年では，国語『新聞を作ろう』と社会『安全なくらしを守る仕事』，国語『「仕事リーフレット」を作ろう』と社会『はたらく人とわたしたちのくらし』，国語『百年後のふるさとを守る』と社会『わたしたちのくらしと環境』，6年では，国語『「鳥獣戯画」を読む』と社会（小単元）「国風文化」といった単元で関連的学習が成り立つでしょう。

私たちはいわゆる「教科の縦割り」制度の中で，あまりにも長く，指導してきています。前章で述べましたが，私たちは「学年制」にあまりにも馴染んでしまっていて，「2学年幅の運用」ということが理解できないのに似て，教科を関連させたり，まして合科させたりすることの意義が理解できないのです。しかし，子どもの頭の中には「教科」というイメージはまったくと言っていいほどないのです。あるのは物事が総合的に絡まっている「生活」です。

30 「国語と理科」関連的指導を創る（3年）

――国語単元『すがたをかえる大豆』と理科単元『植物をそだてよう(4)：花がおわったあと』を同じ時期に設定し，理解の幅を広げる（第3・第4モデル）

　繰り返しますが，国語の説明文には伝達したい内容があって，その内容は社会や理科などで取り扱う内容とつながってきます。したがって，説明文は社会や理科などとの関連的な指導が考えられます。もちろん，鑑賞文も時代的，地理的な背景の中で書かれていますから，関連的な指導が考えられます。詩文もまたそう言えそうです。

　3年の理科では，植物の成長を春，夏，秋，冬と季節を通して，育て，観察して行きます。国語の単元で取り扱う大豆は，「花がおわったあと」にできる実ですので，理科の『植物をそだてよう(4)：花がおわったあと』と関連させます。もちろん，成長の過程も大切で，取り上げる植物の中に大豆を加えておくと，より直接的な関連ができることは言うまでもありません。意図的に，そうする学校も多いかと思われます。

(1) **指導時期**

　まず，国語のこの単元は，この教科書では，11月のはじめの単元になっています。それに対して，理科のこの単元は，花の咲いた後のヒマワリとホウセンカの観察をめざして，9月の単元です。したがって，国語の方を9月に移動したほうがよい，と考えます。

　もし，学校で，意図的に，大豆の栽培をしているなら，理科のこの単元は9月に行い，地域によりますが，一般的には大豆の収穫は10月ですので，国語の単元を10月に移して，行うことになるでしょう。

(2) **指導時間**

　国語のこの単元の授業時数は7時間です。次の単元が『食べ物のひみつを教えます』（6時間）というもので，お米からできる食べ物を取り扱っています。

Ⅶ　教科間の指導内容を関連・合科させて,「ユニット化」する

これら2つの単元は一緒に連続して指導されると考えられます。理科のこの単元は4時間単元で,花の咲いた後のヒマワリとホウセンカを観察するのですが,主な学習活動は,成長には一定の順序,きまりがあることを見つけるための成長の様子をふり返ることです。

(3) 指導方法

理科の『植物をそだてよう(4):花がおわったあと』で,花の咲いた後のヒマワリとホウセンカを題材として取り扱う以上,9月に指導することになるでしょう。そこに,国語の単元を移動するとしても,大豆という題材では,両者の間にかなりの距離感が存在します。この点,指導するとき配慮したいものです。

たとえば,大豆の成長を記録したスライドあるいはＶＴＲを用意し,植物として,大豆もヒマワリとホウセンカと同じように成長していくもので,少し時期がずれているに過ぎないこと,さらに,ヒマワリとホウセンカは花を観賞することがねらいであるが,大豆の花は目立たず,実を収穫するためであることなど,両者の違いについて話し合うとよいでしょう。

もちろん,ヒマワリとホウセンカとともに,意図的に,大豆も学校園で育てて,10月の収穫時期に合わせて,国語の単元の指導ができれば最適でしょう。

このように,関連的指導を行う単元で,取り扱う教材(題材)が違っている場合が多々あるのです。むしろ,教材が違っている方が一般的です。4年の国語の単元『ウサギのなぞを追って』と理科の単元『季節と生き物(春),(夏),(夏の終わり)』はここでの指導事例とほぼ同じことが言えます。

6年の国語の単元『生き物はつながりの中に』と理科の単元『生物とそのかんきょう』,また,6年の国語の単元『海の命』と理科の単元『生き物と地球かんきょう』などで関連的指導を行うときも,同じことが言えます。

31 「国語と理科と算数」関連的指導を創る（5年）

——国語単元『生き物は円柱形』と理科単元『人のたんじょう』と算数単元『柱の形を調べよう』を同じ時期に設定し、より総合的に理解する（第1・第2・第3モデル）

前節で述べたように、国語の説明文には伝達したい内容があって、その内容は社会や理科などで取り扱う内容とつながってきます。同時に、伝達したい内容が算数にかかわっている場合も当然ありますし、算数を使って伝えることも生じてきます。ここでは、国語と理科と算数の関連的学習について考えます。

5年生の国語の説明文として『生き物は円柱形』という単元があります。他方、理科の単元に『人のたんじょう』があり、算数に『柱の形を調べよう』という3つがあります。これらの単元は表題を見ただけでも、つながりのあることはわかります。一緒に学ぶことによって、より深い理解が期待できそうです。

(1) **指導時期**

国語の単元『生き物は円柱形』は教師用指導書によれば、5月に指導する単元で、理科の単元『人のたんじょう』は7月で、算数の『柱の形を調べよう』は学年末の3月となっています。

これらの単元は、あえて言えば、それぞれの教科の中での指導の順次性はあまり重視しなくてもよいように見えます。どの時期に合わせても、問題はないように見えます。

5月に国語で『生き物は円柱形』を指導するときに、理科も、算数も指導してもおもしろいと考えます。

算数の単元『体積』が7月に予定されていて、そのあとに『柱の形を調べよう』を位置づけたほうがよいと考えるなら、理科の単元『人のたんじょう』は7月単元ですので、この時期に、国語、算数の単元を移し

Ⅶ 教科間の指導内容を関連・合科させて,「ユニット化」する

てきて,関連的指導をすることも考えられます。

(2) 指導時間

　国語の単元はもう1つの説明文「見立てる」を含んで,7時間です。理科の単元は6時間,算数の単元は6時間です。原則として,関連的に指導していけば,子どもたちの思考の流れが連続していて,より短縮して指導できるといったものです。合計19時間ですが,1,2時間,短くして,計画できるかもしれません。この**余ってきた時間を活用して,個に応じた指導を行いたい**ものです。

(3) 指導方法

　これら3つの教科の単元は,相互に,深くかかわった内容です。すなわち,お互いに指導するとき,お互いに「素材」になったり,「事例」になったりし合う,関係にあります。**別々の時間に指導しながらも,常に,他の2つの単元の指導内容に「言及」していくことが重要です。**

　国語の『生き物は円柱形』は,生物は多様であるとしながら,共通しているのは「円柱形」をしている,という「見立て」ができるというのがねらいです。他方,理科の『人のたんじょう』は,妊娠中の母親の体型の絵柄が6枚も出てきます。すべて,円柱形に見立てられます。成長してくる胎児も,また,そうです。

　さらに,算数で,「円柱とはどんな形で,どのようにその体積を計算するのか」を学ぶことになります。子どもたちの思考の流れが連続しつつ,理解がより深まるといったものです。

　この指導事例は指導内容が相互に深く関わった典型的なものと言っていいでしょう。しかし,一般的には,3教科以上の関連的指導は,それぞれ,指導のねらいや内容が違っています。したがって,その違いを意識しながら,かつ,意図的に指導していく工夫が大切になってきます。

　お互いに指導するとき,お互いに「素材」になったり,「事例」になったりし合う,関係を作り出していくことが重要です。そのことによって,時に,時間を短縮することができるでしょう。

32 「総合的な学習と社会と理科」関連的指導を創る（4年）

——総合単元『わたしたちの東川』を中心に，社会と理科を関連させて指導し，課題意識を喚起し，その流れに沿った学習活動を創る（第3・第5モデル）

　文科省は平成15年12月に学習指導要領を部分改正し，「総合的な学習の時間の一層の充実」を図るとして，次のように言いました。
　「総合的な学習の時間のねらいとして，各教科，道徳及び特別活動で身につけた知識や技能に関連付け，学習や生活において生かし，それらが総合的に働くようにすること。」このことは，総合的な学習の時間における関連的指導を強化するものです。
　ここで取り上げた指導事例は，平成12年に『わたしたちの東川』というテーマで行われた40時間の総合単元です。単元のねらいは次のように言われています。
　「子供たちが親しんでいる東川を取り上げ，川岸の植物，川の流れ，船着き場の灯籠等自然のくらしに関わる問題を考えることを通して，『東川の自然に親しもう。』『美しい東川の環境を守りたい。』という意識をもたせたいとの思いから本テーマを設定した。まず，東川に沿って歩き，興味・関心をもった問題を追究し，地域社会の現状を把握した上で，自分にできることを考え，実践していく力を育てたいと考えている。」
　「4年生では，社会科で私達の生活とゴミや水との関わり，川と人々の生活の関わりについて学習する。また，理科では季節を通しての動植物の変化，流れる水のはたらきについて学習する。本学習は，この社会科や理科での学習内容が，基礎知識や学習の動機付けになる。反対に，本学習で取り組んだ内容が，後に教科学習の中で一般化され，再認識することになる。理科や社会科学習と関連させて進め，教科学習での知識や技能を活用することが，課題や多様な追究を生み出すと考えている。」

Ⅶ 教科間の指導内容を関連・合科させて,「ユニット化」する

こんな学年でも
教科の学習と関連させて課題意識づくり

社会科
「くらしをささえる水」
　生活排水は,東川へも流れているんだな。
「ゴミと住みよいくらし」
　ゴミは,どんどん増えてきている。
　燃やすとダイオキシンが発生するゴミがあるんだな。
　東川の土手には,ゴミを燃やした跡がたくさんあったけど,ダイオキシンは,大丈夫?
「低地の人々のくらし」
　川の下流に行くほど土地が低くなって,昔は洪水がたくさんあったんだな。
　東川も昔は,どうだったのかな。
　川の上流では,土地が高いから,人々は工夫して暮らしているな。

「わたしたちの東川」
環境コース
　東川の水は,どれくらいきれいなのかな。
　東川には,ゴミがたくさん落ちている。
　ホタルがいなくなっちゃうよ。
歴史コース
　東川の流れは昔と今とは違っていたんだよ。
　池田高校の横に碑が立っていたよ。
整郷記念碑

自然コース
　東川沿いには,どれくらいの種類の草花が咲いているのかな。
　6月には,ほたる祭りがあるよ。ホタルは,どんな所によくいるのかな。
川の流れコース
　下流の方に行くほど川幅が広くなっている。

理科
「あたたかくなると」
　東川の土手にアブラナがいっぱい咲いていてきれい。
「あつくなると」
　春のころと,草花の種類も変わってきたなあ。いろいろな虫の幼虫がいたよ。
「すずしくなると」

「流れる水のはたらき」
　東川で測定して分かった川の流れの上流下流の速さの違いは,揖斐川や他の川でも同じなんだ。
　上流ほど大きくて,角張った石が多く,下流の海津町ではすごく石が小さかった。

教科の学習と関連させて課題意識づくり
（岐阜県池田町立池田小学校『実践事例集』平成12年10月）

　ここでは,中心に『わたしたちの東川』を置いて,1学期に学んだ社会と理科の単元の学習成果を取り込み,他方,これから2学期で学ぶ社会と理科の単元に,この総合的学習で学んだことを反映させよう,という関連的指導のあり方が考えられています。

　子どもたちは,東川の探索後,自分たちの学習課題を決め,追究し,最後に,発表しています。

　A子は「東川の土手に咲く草花を調べよう」,B子は「川幅や川の流れの速さを上流,中流,下流で比べよう」,G男は「東川でゴミを燃やしてもダイオキシンは,発生しないのか」という課題を追究しています。

33 「算数と社会」合科的学習を創る（3年）
―― 算数単元『棒グラフ』と社会単元『わたしたちのくらしと商店』を合わせて一緒に学び，より深く理解する（第3・第4モデル）

　関連的な指導と合科的な指導との違いは，前者が指導の時期を同じにして，指導内容に緩やかな，間接的な関係をつけるのに対して，後者は指導内容を統合して，固い，直接的な関係をつける指導のあり方と言えます。

　改めて，もう1度引用しておきたいのですが，学習指導要領の解説書は次のように言います。

　「合科的な指導は，教科のねらいをより効果的に実現するための指導方法の一つである。単元又は1コマに時間の中で，複数の教科の目標や内容を組み合わせて，学習活動を展開するものである。また，関連的な指導は，教科等別に指導するに当たって，各教科等の指導内容の関連を検討し，指導の時間や指導の方法などについて相互の関連を考慮して指導するものである。」(小学校学習指導要領解説『総則編』，50ページ)

　また，そのねらいについて次のように言います。

　「合科的・関連的な指導を行うに当たっては，児童が自然な形で意欲的に学習に取り組めるような学習課題を設定するとともに，課題選択の場を設けたり，教科書を工夫して使用したり，その指導に適した教材を作成したりして，指導の効果を高めるようにすることが必要である。」（同書，51ページ）

　とても興味のある記述です。「学習の意欲」を高めるために，課題選択学習や順序選択学習が勧められており，「教科書を工夫して使用したり，」さらに「教材の作成」が推奨されています。また，「学習の意欲」を高めることが「指導の効果を高める」条件になっていることも，注意したいことです。

　この単元は平成8年に行われた「教科書を工夫して使用した」指導で

Ⅶ 教科間の指導内容を関連・合科させて、「ユニット化」する

す。誰の目から見ても、算数で学ぶ「棒グラフ」の技法は、数値にかかわる他の教科の単元でも使えそうです。いや、この技法を用いて、数値を処理することになれば、両者は直接結びつきます。この指導はまさに典型的な事例です。

『買い物調べをおうちの人に報告しよう』（24時間）

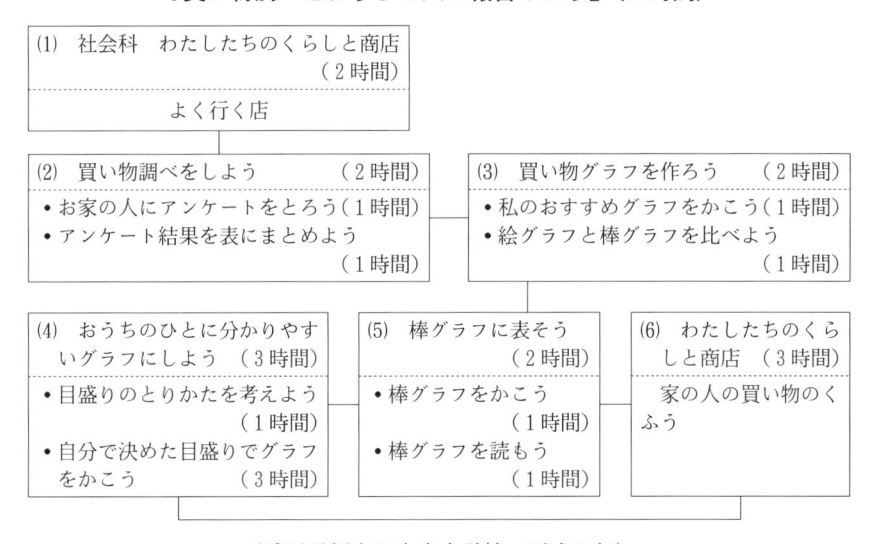

```
(1) 社会科　わたしたちのくらしと商店
                              （2時間）
    よく行く店
```

```
(2) 買い物調べをしよう　　（2時間）        (3) 買い物グラフを作ろう　　（2時間）
  ・お家の人にアンケートをとろう（1時間）    ・私のおすすめグラフをかこう（1時間）
  ・アンケート結果を表にまとめよう          ・絵グラフと棒グラフを比べよう
                              （1時間）                          （1時間）
```

```
(4) おうちのひとに分かりやす   (5) 棒グラフに表そう        (6) わたしたちのくら
    いグラフにしよう （3時間）      　　　　（2時間）           しと商店 （3時間）
  ・目盛りのとりかたを考えよう      ・棒グラフをかこう           家の人の買い物のく
                      （1時間）             （1時間）          ふう
  ・自分で決めた目盛りでグラフ      ・棒グラフを読もう
    をかこう　　　　  （3時間）            （1時間）
```

（香川県飯山町立南小学校，平成8年）

　合科的な指導（ここでは，合科的学習と名づけます）は，それぞれの元の単元名を統合した新しい単元名をつけると，合科した意義が鮮明になります。

　この合科的学習では，社会の学習活動が2つに分けられ，1つは，学習に対する「意欲づけ」と，実際に自分の買い物について，アンケートを行い，データを得る活動になっています。

　あと1つは，「買い物のくふう」という形で最後のまとめになっています。両者の間に，算数の学習活動である「棒グラフ」の表わし方が位置づけられています。社会で得られたデータが算数の学習活動に素材を提供しています。

34 「理科・算数」合科的学習を創る（4年）
――理科単元『天気と気温』と算数単元『折れ線グラフ』を合わせて一緒に学び，より深く理解する（第3・第4モデル）

　理数科と言われるように，理科の指導内容と算数のそれは深くかかわっています。特に，化学や物理につながる領域では，数学がベースになって，学習されていきます。

　理科の指導内容にかかわることだけでありませんが，子どもたちは身の回りにある物を数えたり，グループに分けたり，足したり，引いたりして，認識していきます。もちろん，毎日見たり，毎日起きたりする事柄についても，パターンを認識し，識別していきます。したがって，「理科・算数」合科的学習は効果的な指導をめざす有力な指導法と言えます。

(1) 指導時期

　指導内容を一緒にする合科的学習で大切なことは，合科して指導する単元の「時期」を同じにすることです。もちろん，指導に先立って，子どもたちに関連していることを知らせると同時に，**単元名も工夫して，合科したものにします。この事例で言えば，『天気と気温の変化を折れ線グラフで表わそう』**です。

　理科のこの単元では，1日の気温の変化を温度計ではかることが重要な学習活動ですから，気温の変化はしっかりはかることのできる，たとえば，5月がよいのです。水温もはかるとすると，もう少し，後かもしれません。大日本図書の教科書では，この単元は第2単元で，5月の初旬に指導することになっています。

　当然，学校がある場所によっても違ってくるでしょう。日本文教出版の教科書では，この単元は第5単元で，6月下旬に位置づけられています。理科のほうにあわせて，この単元を移動させて，指導することになります。春ではなく，秋でもよいかと思います。

(2) 指導時間

Ⅶ　教科間の指導内容を関連・合科させて,「ユニット化」する

　理科の単元「天気と気温」に配当されている時間は6時間で,他方,算数の単元「折れ線グラフ」に当てられている時間は10時間です。
　前者の指導事項は,1)晴れの日の気温の変化,2)雨の日の気温の変化,3)一日の気温の変化と天気の関係,です。後者の指導事項は,1)折れ線グラフの特徴,読み方,2)折れ線の書き方,3)身近な事象を調べて折れ線に表わす,です。
　効率的な指導という観点から言えば,算数の指導を先行させ,まず,折れ線の意味や書き方を指導し,その後で,理科の内容を取り扱うことになります。もちろん,理科の内容を取り扱う時間と算数の内容を指導する時間を適宜組み合わせて指導することのほうが現実的です。そもそも,晴れの日と雨の日が計画通りにくるはずもないのですから,適宜,指導内容を変えていくべき単元です。

(3)　指導方法

　理科の学習活動で,「晴れの日の気温の変化」と「雨の日の気温の変化」を測定し,記録します。それがそのまま算数で言われている「身近な事象を調べた」記録となります。折れ線の特色,読み方,書き方についての指導を適宜行えば,理科の指導内容と算数の指導内容は,ごく自然に,関連づけられ,むしろ,指導が効率的に進むと考えられます。「水の温度の変化」も同様に指導できるはずです。
　この場合,理科で測定して得られたデータは,算数で折れ線グラフを描くときの「素材」というわけです。
　よく「理数科」などと言われるように,合科的学習は,特に,理科と算数の間に多く考えられるはずです。たとえば,3年では,理科「太陽のうごきと地面のようす」と算数「三角形と角」,理科「ものの重さをしらべよう」と算数「重さ」,6年では,理科「てこのはたらき」と算数「比」などの間で考えられます。理科と算数は「2学年幅」での運用ができないことになっているのですが,違う学年の間にも関連する指導内容が見つかります。

35 「国語と理科」合科的学習を創る（5年）
──国語単元『天気を予想する』と理科単元『天気の変化』を合わせて一緒に学び，より統合的に理解する（第3・第5モデル）

　平成10年の学習指導要領には，合科的な指導に関して，新しく「総合的な学習の時間」が導入されたこともあり，より積極的だったと言えそうです。

　「今回の改訂において，従来低学年に限られていた合科的な指導を中学年以上でもできるよう，学校教育法施行規則第25条の2を『小学校においては，必要がある場合には，一部の教科について，これらを合わせて授業を行うことができる。』と改訂した。」「中学年以上においても，児童の興味・関心が広がり，思考が総合的になる発達段階を考慮し，各教科の目標や内容の関連をより幅広く押さえ，指導計画を弾力的に作成し，合科的，関連的な指導を進めるなど創意工夫を行うことが大切である。」（小学校学習指導要領解説『総則編』平成11年5月，70～72ページ）

　今回の学習指導要領においても，合科的な指導に関して，平成11年そのままの解説であることに注目したいのです。（小学校学習指導要領解説『総則編』平成20年8月，50，51ページ）

　前節で述べたように，国語の説明文には伝達したい内容があって，その内容は社会や理科などで取り扱う内容とつながってきます。したがって，説明文は社会や理科などとの合科的，関連的な指導が常に考えられます。第29項（120ページ）において，国語と社会の関連的指導にふれましたので，ここでは，国語と理科との合科的学習について考えます。

　5年生の国語の説明文として，「天気を予想する」という単元があります。他方，5年生の理科の単元に，「天気の変化」があります。これらの単元は表題を見ただけでも，指導内容に強いつながりのあることがわかります。一緒に学ぶことによって，より深い理解が期待できそうです。

Ⅶ　教科間の指導内容を関連・合科させて，「ユニット化」する

⑴　**指導時期**

　国語「天気を予想する」は11月中旬に行われる単元です。他方，理科「天気の変化」は４月の単元です。

　国語の単元は天気の予想を巡る技術の発達や観測の広がり，年間雨量の歴史的変化から見た天気の予想に関する説明文で，春とか，秋とか，という特定の季節の天気に関する内容ではありません。

　それで，４月に移して，理科「天気の変化」と一緒に合わせて指導することができます。

⑵　**指導方法（時間配分）**

　理科の単元「天気の変化」は９時間，国語の単元「天気を予想する」は６時間で学習することになっています。

　理科では，日本各地の１日の天気の変化を調べ，さらに，昨日の天気から，今日，明日の天気の予想をするという，基礎的，一般的な天気に関する情報を取り扱っていますので，順番に指導する場合は，最初に理科の単元を指導し，その後で，国語の単元を指導したほうが効果的です。

　しかし，この２つの単元を一緒にして指導することもおもしろい試みでしょう。実際，理科のほうに，気象衛星や気象レーダーの紹介，アメダスという地域気象予測システムに関する説明があり，国語の内容と大いに重なっています。明らかに，題材を組み合わせ一緒にして学習すれば，理解の幅が広がると同時に，内容の重なりが避けられ，指導時間の短縮につながりそうです。

　実は，理科の秋の単元に「台風と天気の変化」（３時間）という単元があり，この単元を合科的に統合して指導すると，さらに，いっそう総合的な指導が期待できそうです。

　さらに，国語の単元の次には，「グラフや表を引用して書こう」（４時間）という学習活動があります。この学習活動も取り込んで指導すれば，これら４つの単元は22時間の大単元になり，ダイナミックな学習活動が期待できるばかりか，効率的な指導が期待できます。

36 「生活科と教科と学級活動」合科的学習を創る（1年）

――生活，国語，図工を統合して，生活テーマ単元『たんぼへ いこう』を創り，より幅広い学習活動をする（第4・第6モデル）

　学習指導要領は次のように言い，特に，入学して間のない1年生の指導は，教科ごとに指導するというよりは統合して，合科的な指導をするように勧めているのです。

　「このように，低学年では特に生活科を中核として合科的・関連的な指導の工夫を進め，指導の効果を一層高めるようにする必要がある。特に第1学年入学当初における生活科を中心とした合科的な指導においては，新入生が，幼児教育から小学校教育へと円滑に移行することに資するものであり，幼児教育との連携の観点から工夫することが望まれる。」
（小学校学習指導要領解説『総則編』，50, 51ページ）

　この単元は，生活科のねらいに国語科および図画工作科のねらいを加え，統合した合科的学習の典型的な実践事例です。

　生活科のねらいは「楽しい思いを歌や体や言葉でのびのびと表現することができる」というもので，国語科のそれは「主語述語がはっきりした文章を書くことができる」というもので，図画工作科のそれは「クレパスや絵の具を使って対象がはっきりと分かる構成や彩色ができる」というものです。

　これらのねらいを『たんぼへ　いこう』という「総合生活科」の中で統合し，次の3つの目標を設定しています。

　(1)田んぼやその周辺の生き物を捕まえに行き，こんな所にこんな生き物が生きていると実感し，進んで生き物とふれ合おうとする。(2)自分なりに気付きを持ち，生き物の体のつくりについて，不思議に思ったことを追究しようとする。(3)田んぼの生き物にふれて感じたことを自分にあった方法で表現し，発表形態に合うように仕上げていくことができる。

Ⅶ 教科間の指導内容を関連・合科させて,「ユニット化」する

総合生活科『たんぼへ　いこう』

学習活動　　　　　　　活動のウェビング

過程	学習活動
ぬ	田んぼの話をしよう
	田んぼへ行こう 1
	田んぼへ行こう 2
	生き物と遊ぼう,感じよう　表現しよう
い	絵をかこう｜歌って踊ろう｜言葉遊びをしよう
り	発表できるようにまとめよう
ん	発表会をしよう

＜活動のウェビング＞

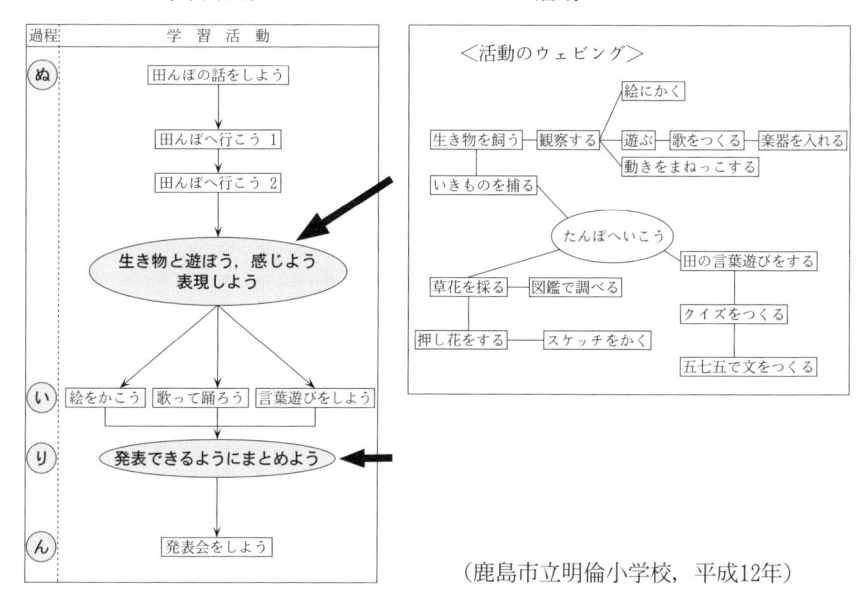

生き物を飼う―観察する―遊ぶ―歌をつくる―楽器を入れる
　　　　　　　　　　　　　　動きをまねっこする
いきものを捕る
　　　　　　　たんぼへいこう―田の言葉遊びをする
草花を採る―図鑑で調べる
　　　　　　　　　　　　　クイズをつくる
押し花をする―スケッチをかく
　　　　　　　　　　　　　五七五で文をつくる

（鹿島市立明倫小学校，平成12年）

　こうした合科的学習は，教科書にしたがって指導していくわけではありませんので，子どもと教師が協同して学習活動を構成する必要があります。ウェビングという手法はそのための有力な方法です。

　この学校では，子どもたちが学習に対する願いの全体をイメージし，共有するために，「興味・関心のウェビング」と「活動のウェビング」を描いています。それらは，まず，この単元でどんなことをしたいのか，そのために，どんな活動をしたいのか，を構造化してとらえる工夫と言えます。もちろん，この中に教師の願いも反映させていきます。

　その上で，どんな学習活動をどんな順序（流れ）で行っていくのか，計画を立てています。教師たちは「追究・探究から表現への過程」を重視したいと願って，指導にあたっています。

参考文献：高浦勝義『デューイの実験学校カリキュラムの研究』黎明書房，2009。

37 「生活科と教科」合科的学習を創る（2年）
――生活単元『きたかぜ　つめたいね』を中心に，複数の教科の一部分を取り込み，生活テーマ単元『みつけたよ　うたせのまち』を創り，より幅広い学習活動をする（第3モデル）

「生活科において『国語科，音楽科，図画工作科など他教科等との関連を積極的に図り，指導の効果を高めるようにすること。特に，第1学年入学当初においては，生活科を中心とした合科的な指導を行うなどの工夫をすること。』とそれぞれ示している。」

「このように，低学年では特に生活科を中核として合科的・関連的な指導の工夫を進め，指導の効果を一層高めるようにする必要がある。特に第1学年入学当初における生活科を中心とした合科的な指導においては，新入生が，幼児教育から小学校教育へと円滑に移行することに資するものであり，幼児教育との連携の観点から工夫することが望まれる。」
（小学校学習指導要領解説『総則編』，50，51ページ）

学習指導要領は生活科においては，このように，関連的な指導を超えて，合科的な指導を推奨しているのですが，生活科が「教科」となり，教科書が創られて以来，教科の枠を超えることは難しいものとなっているのが現状でしょう。こうした現状の中でも，かなり多くの学校が生活科を中心にした合科的な指導を試みてきています。

通常，生活科の単元に教科を結びつけて，体験的，具体的な活動を増加させ，学習活動を楽しいものにしています。低学年の子どもたちは手や体を動かしたり，歌を歌ったり，観察したり，絵を描いたりすることを好みます。したがって，図画工作，音楽，体育などの単元と関連させます。また，特別活動での学年行事などとも結び付けられます。

この項の指導事例では，『きたかぜ　つめたいね』（9時間）という生活科単元に，部分的に，国語2／7，書写1／2，音楽2／5，2／6，図画工作1／1が結び付けられて，総時間数17時間からなる新しい『み

Ⅶ　教科間の指導内容を関連・合科させて,「ユニット化」する

生活科『みつけたよ　うたせのまち』(2年)(17時間)

月	学 習 活 動 と 内 容	教 科 等 と の 関 係
12	1．冬さがしをする。　　　　　　　⑤ ・日常的に冬がしを行い,発見カードにまとめる。 ・目的別グループで冬探検に行く。 　(店・自然・クリスマスの飾り) ・行き先 　　幕張海浜公園 　　駅・駅周辺の店 　　ベイタウン・校庭 2．手づくり年賀状を出す。　　　　② ・年賀状づくり ・年賀状を出す。(郵便局・ポスト) 3．冬を紹介する準備をする。　　　④ ・表現内容(自然・街・店など) ・表現方法(歌・新聞・劇・絵本・紙芝居・合奏・ペープサート・おどり等) 4．冬を紹介する。　　　　　　　　④ 5．うたせの街を札幌市立中央小学校に知らせる。 　　　　　　　　　　　　　　　　②	生活「きたかぜ　つめたいね」　　⑨ ◆年賀状をつくって出したり,人々の冬の暮らしや自然の変化に関心を持って調べたりする。 国語「ようすをよく見て」　　②／7 ◆生活の中から題材を選び,詩に表現する。 書写「年がじょう」　　　　　　①／2 ◆文字の大きさを考えて,字形に気をつけて曲がらないように書く。 音楽「お話しを音楽で」　　　　②／5 　　「いろいろな楽器で」　　　②／6 ◆冬の様子を歌で表現したり,いろいろな楽器で演奏したりする。 図工「やぶいてうつして」　　　　① ◆簡単な版画を使って,年賀状を楽しくつくる。

(千葉市立打瀬小学校,平成10年)

つけたよ　うたせのまち』を創り出しています。

　生活科の単元を中心に,学校独自の「合科的」生活科を作成する学校もあります。たとえば,1年の場合,4月から「学校大好き」「春さがし」「カタツムリと遊ぼう」「たなばた」と,ほぼ,1ヵ月に1テーマを想定し,すべての他の教科の主な指導内容をそこに合科させ,指導する「特色ある教育課程」を編成しているのです。

38 「学年行事と教科と学級活動」合科的学習を創る（4年）

——学年行事『鋸南自然教室に行こう』，国語，学級活動を統合して，総合テーマ単元『レッツ・ゴー！鋸南』を創り，より豊かな学習活動を行う（第3・第5モデル）

　学習指導要領の総則に関する解説は，総合的な学習の時間との関連的，合科的な指導について，次のように言います。

　「このため，総合的な学習の時間と連携しつつ，小学校低学年においては生活科を中核とした合科的な指導を一層推進するとともに，中学年以上においても，合科的・関連的な指導を進めることを重視する必要がある。」（小学校学習指導要領解説『総則編』，50ページ）

　「総合的な学習の時間における学習活動が，各教科等の目標や内容と関連をもつとき，指導の時期を考慮したり，題材の取り上げ方を工夫したりして関連的に指導することもできる。」（同書，51ページ）

　これら2つの記述はやや分かりにくいものです。すなわち，低学年の生活科では，「合科的な指導を一層推進する」としつつ，中学年以上にのみある総合的な学習の時間では，「合科的・関連的な指導を進める」と，最初の記述で言いつつ，後の記述では，「関連的に指導することもできる」とあり，総合的な学習の時間はそこで認められている70時間で行うことが原則で，「関連的に指導することも」できないわけではない，と読めそうだからです。といって，「合科的な指導はできない」と言い切っているわけでもないのです。

　この項の総合的な学習の時間は国語，学級活動を加えた，『鋸南自然教室に行こう』というテーマ単元です。学級活動の2時間に，国語から6時間を加えて，比較的短い12時間の総合的学習です。

　生活科には，教科書があり，単元があります。したがって，合科的指導は教科書にある単元を中心に他の教科等を統合していきます。もち

Ⅶ　教科間の指導内容を関連・合科させて,「ユニット化」する

総合テーマ単元『レッツ・ゴー！鋸南』（12時間）

	総合	学活	国語	活　動　内　容
計画・準備・追究	①①①②②②	①①	③	鋸南自然教室に行こう 班，係を決めよう 自分の問題をもとう 自分の問題を追究しよう 「鋸南を成功させよう集会」の準備をしよう 自分の心と体を知ろう（保健指導） 「鋸南を成功させよう集会」を開こう 鋸南自然教室参加について最終確認をしよう グループ新聞の作り方を知ろう ◎新聞の作り方の基本を理解する。 ◎記事の書き方，取材の仕方を話し合う。
見学・体験	②			約束を守って，楽しく仲よく生活しよう。 グループ新聞の記事を集めよう。 1日目　マザー牧場　お楽しみ会 2日目　保田漁港　いもほり・やきいも　星の観察 3日目　鋸山
反省・まとめ	①		③	3日間の生活を振り返ろう グループ新聞を作ろう
計	12	2	6	

活動のウェビング

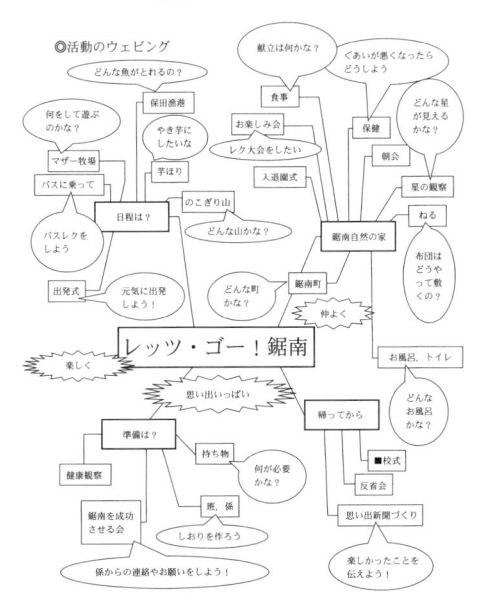

◎活動のウェビング

（図：レッツ・ゴー！鋸南を中心とした活動のウェビング図）

（東京都足立区立北鹿浜小学校，平成12年）

ろん，他の教科等の単元が中心になって，生活科の単元を統合する場合も考えられます。

それに対して，総合的な学習の時間には，教科書がありません。

また，総合的な学習の時間に配当されている70時間（新学習指導要領）の中で，学習活動を編成するのが一般的でしょう。

そうした状況の中にあって，この実践事例は国語と学級活動を合科しているものです。

参考文献：奈須正裕・久野久幸・藤本勇二『小学校学習指導要領の解説と展開　総合的な学習編』教育出版，2008。

39 「生活と国語と図工と道徳」合科的学習を創る（2年）

——生活単元『鹿島の昔をさぐろう』を中心に，国語，図工，道徳を統合して，生活テーマ単元『明りん　むかし　むかし』を創り，より幅広い学習活動をする（第3モデル）

　低学年の生活科での合科的な指導を推し進めていくと，年間指導計画として，1年は，すべての教科，道徳，特別活動を合科して，テーマ単元で指導することが考えられます。

　繰り返しますが，4月から「学校大好き」「春さがし」「カタツムリと遊ぼう」「たなばた」と，ほぼ，1ヵ月に1テーマを想定して指導するというあり方です。テーマにそぐわない指導内容が生じる場合，テーマ単元とは別に単元を作って，指導することになるでしょう。

　2年は，国語，算数，体育の系統性に配慮して，やや，連続した指導を準備するとしても，なお，合科的なテーマ単元で指導して行くことになるでしょう。生活科をどの程度，また，いつまで合科的に指導していくかは，年間指導計画を作成するときの大きな課題です。

　ここでは，もう1つの生活科テーマ単元を紹介しておきます。**前項のそれに比べ，より大きく合科化がなされています。**

　このテーマ単元『明りん　むかし　むかし』は国語が中心で，そこに，生活，図工，それに道徳が加えられた合科的なテーマ単元です。

　国語で昔話「力太郎」を読むことが導入となって，地域の昔話に発展させています。ウェビングは「力太郎」を読んだ後で行われています。

　ウェビングの結果，次の3つの活動ができています。1つは，「力太郎」以外の昔話を読む活動で，他の1つは，「鹿島の昔話を探そう」という活動です。この後者の活動には，2つの活動があり，「昔話を知っているお年寄りから話を聞こう」という活動と，「聞いた話をもとに絵本をつくろう」という活動です。これらの活動を通して，国語，図工，

Ⅶ 教科間の指導内容を関連・合科させて,「ユニット化」する

生活テーマ単元『明りん　むかし　むかし―せかいに1つしかないむかし話絵本をつくろう―』(30時間)

学習活動	教科	学習指導要領の内容	項目	学習材
「力太郎」の音読をしよう	国語	場面の様子などについて,想像を広げながら読むこと。	C(1)ウ	ワークシート
	国語	語や文としてのまとまりや内容,響きなどについて考えながら声に出して読むこと。	C(1)エ	録音したカセットテープ
鹿島の昔話をさぐろう	生活	自分たちの生活は地域の人々や様々な場所とかかわっていることが分かり,それらに親しみをもち人々と適切に接することができるようにする。	2(3)	ふりかえりカード
	道徳	郷土の文化や生活に親しみ,愛着をもつ。	4(4)	ふりかえりカード
みんなに伝えよう	国語	知らせたい事を選び,事柄の順序を考えながら,相手に分かるように話すこと。	A(1)ア	
	国語	文章を読み返す習慣を付けるとともに,間違いなどに注意すること。	B(1)オ	書き写した昔話
	図工	表したいことに合わせて,粘土,厚紙,クレヨン,パス,はさみ,のり,簡単な小刀類などの身近な材料や扱いやすい用具を手を働かせて使い,絵や立体に表したり,つくりたいものをつくったりすること。	A(2)イ	紙芝居
絵本をつくろう	国語	語や文としてのまとまりや内容,響きなどについて考えながら声に出して読むこと。	C(1)エ	
	図工	表したいことに合わせて,粘土,厚紙,クレヨン,パス,はさみ,のり,簡単な小刀類などの身近な材料や扱いやすい用具を手を働かせて使い,絵や立体に表したり,つくりたいものをつくったりすること。	A(2)イ	絵本

(鹿島市立明倫小学校,平成12年)

道徳の目標を達成しようという単元です。

　学習活動は,まず,「力太郎」の話を読むことから始まり,「桃太郎」や「おむすびころりん」を読む活動につながっています。次に,昔話を知っている地域の「お話の会」の方たちを学校に招き,聞き取りを行っています。聞き取りを元に,グループに分かれて「紙芝居」を作り,さらに,「絵本」づくりを行っています。

40 「教科と道徳と学級活動と学校裁量」合科的学習を創る（6年）

――国語，道徳，学級活動，学校裁量を統合して，総合テーマ単元『卒業研究』を創り，より豊かな一人学習を行う（第5・第6モデル）

　学習指導要領は総合的な学習の時間の目標を示していますが，内容は各学校で定めることになっています。しかし，学習活動がいわゆる「現代的な課題―国際理解，情報，環境，福祉・健康についての課題」「児童の興味・関心に基づく課題」「地域の伝統や文化についての課題」にかかわるべきものとしています。

　繰り返しますが，総合的な学習の時間の一般的なあり方は，学習指導要領に示されている授業時間数（3年以上の学年で年間70時間）の中で，上に述べたような課題に対応した学習活動を展開するというものです。

　これまた，繰り返しますが，こうしたあり方に対して，平成12年12月に行われた学習指導要領の一部改訂で，「総合的な学習の時間の一層の充実」を図るとして，次のように言われました。「総合的な学習の時間のねらいとして，各教科，道徳及び特別活動で身につけた知識や技能に関連付け，学習や生活において生かし，それらが総合的に働くようにすること。」

　ここで後段に言われていることは，1つは総合的な学習の時間と各教科，道徳及び特別活動との「関連的な指導」です。この章の第32項で示した総合に理科と社会科を関連付けた池田小学校の『わたしたちの東川』（126ページ参照）はこの範疇に属する指導事例です。それについては，次のように言われています。「本学習は，この社会科や理科での学習内容が，基礎知識や学習の動機付けになる。反対に，本学習で取り組んだ内容が，後に教科学習の中で一般化され，再認識することになる。理科や社会科学習と関連させて進め，教科学習での知識や技能を活用することが，課題や多様な追究を生み出すと考えている。」

Ⅶ 教科間の指導内容を関連・合科させて,「ユニット化」する

　他の1つは,総合的な学習の中に,関連する各教科,道徳及び特別活動の単元を取り込み,より大きな総合的な学習を作り出す「合科的な指導」です。

総合テーマ単元『卒業研究』(6年)(43時間)

月	学習活動と内容			教科等との関連	
6	1	ガイダンス	②	学活「卒業研究の進め方」	②
				◆どのように卒業研究を進めるかについて理解する。	
	2	テーマ設定	②		
7	3	研究計画立案	②	道徳「自分の特性を生かそう」(個性伸長)	④
	4	第1次研究活動	⑥	◆個性を生かした研究テーマを選ぶ。	
				◆研究の計画を立てる。	
9	5	中間発表会	①	学活「中間発表会をしよう」	①
				◆自分の研究成果をレポートで発表する。	
10	6	第2次研究活動	⑱	国語「本で調べて」	②
				◆本を利用して,調査活動を行う。	
11				「いろいろな題材で」	⑥
				◆テーマに応じて自分の研究内容をまとめる。	
12	7	研究論文作成	⑥	「言葉の使い分け」	⑤
1		発表準備		◆目的や意図に応じて適切に話す。	
				学活「研究発表会をしよう」	③
2	9	研究発表会	⑥	裁量	⑳

(千葉市立打瀬小学校,平成10年)

　ここに取り上げた6年の『卒業研究』は,国語,道徳,学級活動,それに学校裁量の時間を統合して,総合的な学習を作り出したケースです。したがって,融合カリキュラムの典型です。

　「めざす子ども像」はつぎの4つとされています。(1)自ら意思決定ができる子,(2)自ら進むべき方向について見通しをもてる子,(3)あらゆる可能性を追求できる子,(4)自らの行為に責任をもてる子。

　この子ども像をめざして,一人ひとり,『卒業研究論文』を書くのですが,国語,道徳,学級活動及び学校裁量の時間の目標が統合され,活用されているのです。

◇著者紹介

加藤幸次
1937年，愛知県に生まれる。
名古屋大学大学院，ウィスコンシン大学大学院修了。
現在：上智大学名誉教授，前名古屋女子大学教授，日本個性化教育学会会長，グローバル教育学会顧問，アメリカ教育学会会長，NPO法人『日本個性化教育振興会』理事長，社会科教育研究センター会長。
著書：『ティーム・ティーチングの考え方・進め方』黎明書房，1993年。
『総合学習の実践』黎明書房，1997年。
『中学校の総合学習の考え方・進め方』黎明書房，1998年。
『総合学習のためのポートフォリオ評価』黎明書房，1999年。
『学力低下論批判』黎明書房，2001年。
『小学校 個に応じる少人数指導』黎明書房，2002年。
『学力向上をめざす個に応じた国語・算数の指導（小学校）』黎明書房，2004年。
『学力向上をめざす個に応じた国語・数学・英語の指導（中学校）』黎明書房，2004年。
『学力向上をめざす個に応じた理科・社会の指導（小学校）』黎明書房，2004年。
『学級担任が教える小学校の英語活動』黎明書房，2006年。
『教員免許更新制と評価・認定システム』黎明書房，2008年。
『ウェビング式教員免許更新のための必修講習ガイドブック』黎明書房，2009年。

分厚(ぶあつ)くなった教科書(きょうかしょ)を活用(かつよう)した40の指導法(しどうほう)

2011年5月25日　初版発行

著　者　加(か)藤(とう)　幸(ゆき)次(つぐ)
発行者　武　馬　久仁裕
印　刷　舟橋印刷株式会社
製　本　協栄製本工業株式会社

発行所　株式会社　黎(れい)明(めい)書(しょ)房(ぼう)

〒460-0002　名古屋市中区丸の内3-6-27　EBSビル
☎052-962-3045　FAX 052-951-9065　振替・00880-1-59001
〒101-0051　東京連絡所・千代田区神田神保町1-32-2
南部ビル302号　☎03-3268-3470

落丁本・乱丁本はお取替します。　　　　　　　　ISBN978-4-654-01857-4
© Y.Kato, 2011, Printed in Japan

加藤幸次・佐野亮子編著　　　　　　　　　　　Ｂ５判・122頁　2300円
学級担任が教える小学校の英語活動
> 英語で総合学習をしよう／ＡＬＴや英語の専科教師に頼らず，日本人である学級担任が，日本語に英語を混ぜながら進める「総合的学習」による，１～６年の新しい英語活動の実際を紹介。

加藤幸次監修　全国個性化教育研究連盟編著　　　Ｂ５判・109頁　2100円
学力向上をめざす個に応じた指導の理論
> 学級集団と学習集団を峻別する多様な学習集団づくり，子ども一人ひとりが学習活動の主人公となれる個別指導システムの確立などをめざす，「個に応じた指導」の全体像。

加藤幸次監修　九州個性化教育研究会編著　　　　Ｂ５判・102頁　2100円
学力向上をめざす個に応じた国語・算数の指導（小学校）
> 少人数指導，習熟度別指導，学習時間を柔軟に設定した指導，子どもが学習コースを選択できる指導など，一人ひとりの量的・質的個性に対応した，小学校国語・算数の授業実践を紹介。

加藤幸次監修　関西個性化教育研究会編著　　　　Ｂ５判・111頁　2100円
学力向上をめざす個に応じた理科・社会の指導（小学校）
> 少人数指導，習熟度別指導，学習時間を柔軟に設定した指導，子どもが学習コースを選択できる指導など，一人ひとりの量的・質的個性に対応した，小学校理科・社会の授業実践を紹介。

加藤幸次・佐野亮子編著　　　　　　　　　　　Ａ５判・195頁　2100円
小学校の総合学習の考え方・進め方
> 総合学習のための学習環境整備や授業づくりの理論を解説し，実践事例を「特設型」「特設型および領域横断型」「２教科横断型および領域横断型」「領域横断型」などに分類して紹介。

加藤幸次・高浦勝義編著　　　　　　　　　　　Ａ５判・248頁　2600円
学力低下論批判
> 子どもが"生きる"学力とは何か／「ゆとり」教育は本当に学力低下を生み出しているのか。教育学研究の第一線で活躍する執筆陣が，真の学力とは何かを明らかにする。学力低下論者への強力な反論。

論文集編集委員会編　　　　　　　　　　　　　Ａ５判・296頁　3200円
学力の総合的研究
> 学校教育がめざす「学力」とは何かを，高浦勝義他，国立教育政策研究所を中心とした，第一線で活躍する研究者らが徹底追究。学力研究の意義と課題／学力の研究と調査／学力の育成と学習指導／他

表示価格は本体価格です。別途消費税がかかります。

加藤幸次著　　　　　　　　　　　　　　　　　　Ａ５判・223頁　2300円
ウェビング式教員免許更新のための必修講習ガイドブック
　必修領域の8つの細目ごとに，ウェビングの手法を使い，教育の最新事情の効率的な講義の手順を示し，講義内容を分かりやすく整理。講師にも受講者にも役立つ内容豊かなガイドブック。

鈴木正幸・加藤幸次・辻村哲夫編著　　　　　　　　Ａ５判・218頁　2200円
教員免許更新制と評価・認定システム
　神戸国際大学で行われた予備講習の実際と受講者の声を紹介するとともに，教員免許更新制度の内容，講習のあり方，評価・認定基準等，制度の全体像を詳細に語る。

高浦勝義著　　　　　　　　　　　　　　　　　　Ａ５判・261頁　6500円
デューイの実験学校カリキュラムの研究
　デューイの実験学校カリキュラムの編成原理と実際的展開を，「初等学校記録」の分析をもとに解明したデューイ研究の画期をなす労作。実験学校のカリキュラム編成の原理的特質／他

高浦勝義著　　　　　　　　　　　　　　　　　　Ａ５判・188頁　2400円
指導要録のあゆみと教育評価
　教育評価研究の第一人者が，平成22年までの指導要録を詳細に分析し，戦後の教育評価観の変遷を解明。あわせてこれからの教育評価のあり方を，実践例をもとに提示。

高浦勝義著　　　　　　　　　　　　　　　　　　Ａ５判・223頁　2500円
絶対評価とルーブリックの理論と実際
　単元指導計画の作成から評価計画の立案，評価基準としてのルーブリックの作成などを，日米の実践を交え詳述。絶対評価の全体像がわかる一冊。生きる力の育成と評価の課題／他

小川信夫著　　　　　　　　　　　　　　　　　　Ａ５判・124頁　1700円
恥ずかしくて聞けない道徳指導50の疑問
　道徳授業を行う際に必ず出会う基礎的な疑問や，新学習指導要領の道徳の時間に関する疑問を厳選してコンパクトに解説。学習指導要領の核である道徳教育の充実・強化に応える全教師必読の書。

山本昌猷著　　　　　　　　　　　　　　　　　　Ａ５判・188頁　2100円
山本昌猷のこうすればうまくいく授業づくりの知恵と技
　達人教師・山本昌猷の知恵と技②　40年間の実践を通して著者が獲得した，大学の教職課程で学ばない，ベテラン教師のすばらしい授業を裏で支える知恵と技をおしげもなく公開。

　　　　　　　　　　　　　　表示価格は本体価格です。別途消費税がかかります。